U0489803

挣扎
STRUGGLE

艾敬 著

人民美术出版社

编者细语

艾敬，是一个名字，艾敬，更像一个符号。艾敬，一个陪伴我们70年代生人一同成长起来的姑娘。当年，她唱着像说话一样的歌曲——《我的1997》，跨进了我童年的脑海。那时的我还稚嫩，听不懂她歌里的真实和真挚，只记得很是向往她歌中描绘的香港、午夜场。

之后很长时间，她的人生，她的故事若即若离，每一次印入眼帘、飘进耳朵，都或多或少地感染、触动着早已沉入世俗生活中的我。

再见艾敬，她已从音乐领域跨进当代艺术的大门，从民谣歌手转身成为一个独立的、自由的、充满活力的当代艺术家。

艾敬，一直在路上。

从童年到成年，从沈阳到纽约，从音乐到绘画，每一部作品，艾敬始终坚持自己的审美，不轻易改变自己的信念。她用独特的构思，传达自信和成功，创造自己的音乐语言，寻找自己的艺术色彩。"用爱去创造爱"是她始终不渝的艺术信仰。

她一次次地往返于东京、伦敦、巴黎、纽约、北京，每一个场景的转换，每一种生活的投入，选择、沉浸、改变、执著……看起来像是旅行，其实，这里面蕴含多少艰辛？多少付出？其中的酸甜苦辣也只有她自己，心知肚明。

挣扎、Love，让人心生爱怜。

这是成长，是旅途，更是人生。

《挣扎》，不写拼命、写艰难、写刻苦，艾敬缓缓道来心底的文字，让我于平静中体会她的奋斗、坚持，她的纯真、勇敢，还有更多的——爱。

艺术贯穿艾敬的生活，艾敬的生活即是艺术。

让我们听艾敬如是说：艺术，生活和挣扎……

尹 然

2014 年 6 月 5 日

目录

第一章 音乐往事

1. 艳粉街的故事 / 2
2. 我的 1997 / 4
3. ON THE ROAD / 8
4. 小鸡如同凤凰般展翅 / 12
5. 狮子淌泪的地方 / 18
6. 中国制造 / 22
7. 沉浸在海底的一粒沙 / 26
8. 世纪之交的不安 / 30
9. 熊猫天使 / 32
10. 是不是梦 / 34
11. 一个人的旅途 / 38
12. 夏季里的告别 / 42
13. 我的爱人和情人 / 46

我最喜爱的音乐家 / 51

鲍勃·迪伦

特蕾西·查普曼

平克·弗洛伊德

贾尼斯·乔普林

尼尔·杨

帕蒂·史密斯

辛妮·欧康纳

苏珊·薇格

布鲁斯·斯普林斯汀

第二章 艺术、生活和挣扎

1. 身体在这里，精神在别处 / 64
2. 音符香港 / 68
3. 流泪的艾敬 / 72
4. 艺术风暴 / 76
5. 大城市小悲哀 / 80
6. 精子、爱情和病 / 84
7. 艺术、生活和挣扎 / 88
8. 戒不了的色 / 92
9. 天天过年，老艾头儿和中国当代艺术 / 96
10. 我的两个半星期和蔡国强的信仰 / 100
11. 其实，我很爱 / 104
12. 维的故事，上海和迷失 / 110

爱人 / 117

第三章 当爱成为信仰，
　　　　艺术是主宰爱能够到达的地方

1. 我只是在过着艺术家的生活 / 124
2. 艺术家的行动力和坚持 / 128
3. 艺术家的语言 / 134
4. 符号 / 138
5. 宝贝，我爱你 / 144
6. SOUND OF NEW YORK / 148

7. 黑与白 / 152

8. 棋子 / 156

9. 生命之树 / 164

10. 海浪 / 168

11. 每一扇门里都有鲜花 / 174

12. I LOVE COLOR / 180

13. 我爱重金属 / 184

14. 我的母亲和我的家乡 / 188

15. 我的家乡 / 194

16. 枪与玫瑰 / 196

17. 登上中国国家博物馆的台阶 / 200

18. 公共项目 / 206

19. 用爱去创造爱 / 210

我最喜爱的艺术家 / 213

安迪·沃霍

马克·罗斯科

杰夫·昆斯

路易丝·布儒瓦

伊夫·克莱因

尚·米榭·巴斯奇亚

安尼施·卡普尔

隈研吾

问题和答案 / 247

对姐姐说 艾丹 / 251

第一章

一 音乐往事

1 艳粉街的故事

——

1984 沈阳

少女时代的艾敬在父亲的二胡伴奏下练唱

艳粉街的故事

我出生在中国的北方城市沈阳,我的家住在艳粉街,那里都是工厂兴建给工人的住房。附近的工厂里经常举办工人大合唱,我常常在旁边跟着唱。我的父亲擅长演奏各种民族乐器,我的母亲声音甜美会唱评剧,我继承了父母音乐方面的天赋。在周末,我们家经常举办家庭音乐会。我家门口有一个长方形的台阶,我总喜欢在那里唱歌、做游戏,邻居们都认为我注定会成为歌者。那里是我人生的第一个舞台,那里是我梦开始的地方。

9岁时父母为我聘请了私人声乐老师教我唱歌、学习节奏,以及视唱练耳知识。15岁我考上沈阳艺术学校声乐系,学习美声唱法。在老师眼里我算是个"叛逆"。我背离了古典音乐,没有完成学业。我无可救药地喜欢上了流行音乐。那个时候我在家乡的生活中找不到古典音乐所描绘的意境,尤其在学唱意大利文歌曲的时候,我产生了极大的心理抗拒和疏离感。而流行音乐的奔放和低吟浅唱则像是久违的知心朋友闯入我的心灵,那种发自内心的声音才是我渴望的。那个年代能听到的音乐大多是经过无数次转录却没有演唱者姓名的卡带,后来我才辨识到那里面都是些美国名歌星:卡彭特(The Carpenters)、约翰·丹佛(John Denver)、鲍勃·迪伦(Bob Dylan)……

2 我的1997

1986—1993　北京·广州

第一张唱片《我的1997》

我的 1997

17岁那年我离开了家乡沈阳，考上了北京著名的音乐团体"东方歌舞团"。很快我彻底地知道了自己不适应在体制下发展，对于北京和沈阳我还做了一个比喻，我的结论是它们好比鸭蛋与鸡蛋的区别，内容一致，只是大小不同而已。半年后我决定离开，到广州开始了我的音乐"个体户"生涯。

在广州一年多的时间，我与当时的四大唱片出版社合作，录制翻唱了很多专辑。这些演唱专辑都署名"艾静"而不是艾敬，但我认为总会有那么一天，我将拥有全部为我而写的音乐专辑，到那个时候我才会用自己的本名：艾敬。

在广州期间我还主演了一部电视连续剧《情魔》，在剧中饰演一位渴望唱歌的女孩，并演唱了该剧主题曲和插曲。当时我被形容为"长得像山口百惠，笑起来像栗原小卷"，那是我听到过的最令我难忘的赞美，在那之前我一直对自己的外貌没有自信，到现在也是。这么多年来，我几乎从来不回看电视中的自己。

我对表演产生了极大的兴趣，并且意识到自己的不足。很快一个偶然的机会，我考入中央戏剧学院表演系进修，可我从未想过做职业演员，我只是觉得我应该去学习表演艺术。我知道我太害羞，根本做不了演员，但是我可以演唱，这也有演的部分。有一次张曼玉对我说看了我的MV《艳粉街的故事》，她说我演得真好，我惊讶得不知如何回答。我没有像演员那样去演，而演绎一首歌的情绪，我可以做到，因为音乐可以使我忘我和放松。

那时候中央戏剧学院以培养舞台剧演员闻名，我对舞台并不感到陌生。实际上，我从四五岁的时候就在舞台的侧幕条旁边看我二姨所在的沈阳歌舞团的歌剧《江姐》《洪湖赤卫队》等歌舞剧表演，我在歌舞演员们上下场中耳濡目染。在中央戏剧学院进修期间我参与排演了一些小品和戏剧片段，学习了一些赏析课程，短短一年的时间给我最难忘的收获并沿用至今："感动别人，先感动自己。"

在中央戏剧学院的那段时间，我的第一张专辑已经在静悄悄地筹备着。这张专辑汇聚了当时北京摇滚圈和流行音乐圈子里最有才华的一批词曲作者以及乐手，如陈劲、王迪、何勇、臧天朔、张岭、三儿、艾迪、三宝、黄小茂等等，大地唱片公司创办人香港著名词作家刘卓辉担任监制。历时几年的音乐制作、MV 拍摄、出版洽谈，终于，在 1992 年我迎来了属于自己的演唱专辑《我的 1997》在台湾出版发行。

那个时期我反复聆听的音乐来自平克·弗洛伊德（Pink Floyd）、布鲁斯·斯普林斯汀（Bruce Springsteen）、贾尼斯·乔普林（Janis Joplin）、尼尔·杨（Neil Young）、帕蒂·史密斯（Patti Smith）、辛妮·欧康纳（Sinead O'connor）、特蕾西·查普曼（Tracy Chapman）、苏珊·薇格（Suzanne Vega）、鲍勃·迪伦（Bob Dylan）、U2……是他们的音乐给了我重要的影响，后来都直接反映在我的音乐专辑中。

我的两首歌曲的 MV《我的 1997》和《流浪的燕子》分别由张元和顾长卫导演，在 CCTV 播出之后，产生极大的轰动，观众的来信像雪片儿一样飞来。我的唱片在中国台湾地区和日本、新加坡、马来西亚等地区都受到欢迎，那一年我 24 岁。

《流浪的燕子》MV 剧照

3 ON THE ROAD

———

20世纪90年代初　　日本·香港·北京

《我的1997》单曲

ON THE ROAD

20 世纪 90 年代初，我与日本索尼唱片公司签约，我开始往返北京、香港和东京，以及亚洲其他城市进行唱片宣传、歌友会、接受访问、拍摄杂志等工作。我总是在路上。

我在日本参加了很多音乐节的表演以及唱片录制的工作，经常坐上新干线在日本的城市里穿梭。难忘的一次音乐节就是在新泻的海边，有 5 万多观众坐在沙滩上观看演出，多家乐队参与这个音乐节，乐手们很兴奋，夕阳和落日，时而温和时而激扬的观众，掌声和欢呼声，随着音乐如海浪般阵阵袭来，那个场景至今温润我的记忆。

我喜欢坐新干线，那种从未感受过的速度使我的思维更加活跃，我追赶着，我的思绪比新干线的速度还快，很多音乐的创作都是在旅途中写成的。

我从一个城市的 Hotel 去到另一个城市的 Hotel，排练、演出，再去机场。有一个电影的台词犹如我那一段人生的写照："人生好比一个酒店连接另一个酒店，没有过去，也没有未来。"

一旦习惯一种生活，你会以为这就是你想要的。

我原以为音乐和唱歌就是我想要的生活，我曾经说：我去哪里演唱都没有关系，我不在乎是在哪个国家发展。1995 年初，我到伦敦游历了一个多月，看音乐剧和音乐节，访问剑桥和牛津。我也曾到伦敦拍摄 MV《追月》，多年后又去录制音乐，但是我还是在那里找不到感觉。我追赶着我的月亮，但是我却发现那里很虚无——"远观富足，近看不见嫦娥白兔"。这正是因为在那些文学作品和音乐作品中感受到的与现实有极大的距离，好像等我真正降落伦敦，接近我的"月亮"，那里只有虚无和猜想。也或许伦敦之所以在文学和音乐上有着无穷的创作力，正是因为阴郁和情绪化的天气，变幻莫测。

我的内心还是那个艳粉街的小姑娘，坐在自家的院子里，仰望着星空下的月亮，在艳粉街胡同里穿梭，好奇月亮的跟随和照耀。这种对外界的好奇一直引领着我，旅途中的忧郁与多愁善感正好用来创作，梦想和现实总有误差，背井离乡总有乡愁，我的祖先就是游牧民族，或许漂泊和征战就是我的宿命。

月

月是 FULL
是挂在头上留在空中的思
月是明亮
耀人眼目是存在眼里的泪
月是虚无
是远观富足
近看不见嫦娥白兔
月是跟我走
照亮我的路途
月是迷惑我
月中跌跌撞撞糊里糊涂
月是 MOON

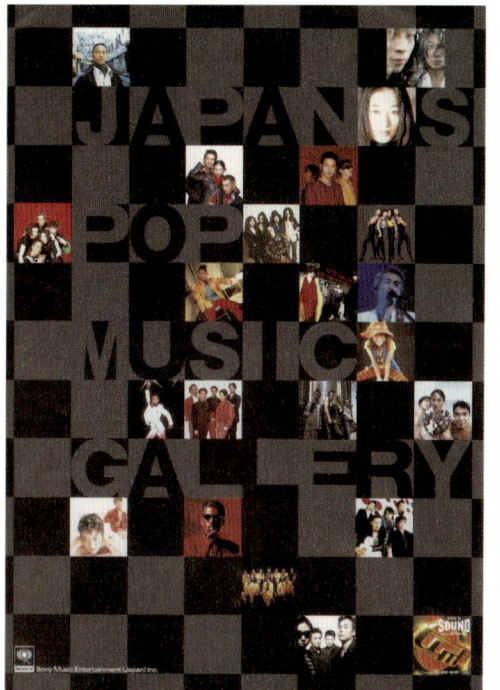

1993年在"湾仔国际流行音乐节"上演出

4 小鸡
如同
凤凰般展翅

1994—1996　东京

1　艾敬和 THE BOOM 乐队
2　艾敬和加藤登纪子

小鸡如同凤凰般展翅

记得我曾在京都的一座寺庙，抽了一张签，上面写道："我虽稚嫩如同一只小鸡，却能像凤凰一般展翅。"

1994年，我的第一次个人演唱会"Love in My Dream"在东京举行。演唱会开始，我隐在侧幕条里用一段清唱评剧《小河流水》的唱段开场，紧接着乐队起，灯光亮，我走到舞台中央。全场观众情绪激昂，大部分能够跟随我唱，并举起拳头。我内心特别惊讶和激动，伴随着不安和兴奋。那个场景特别像是小时候我在街上加入的游行队伍，我的感受是复杂的。

我曾经与日本的乐队"The Boom"合作紧密，他们作为日本知名乐队的成员为我的演唱会伴奏实在是我极大的荣幸。那次演唱会还邀请了香港音乐人刘以达参加。在日本的其他音乐活动以及后来的巡回演唱会我都会邀请一些国内外的乐手参加。

为了能够使自己的吉他演奏水平与乐手们配合得更好，我抓紧一切时间练习。我认为吉他演奏不应该成为我的负担，这也是我唯一的目的。我边弹边唱，最终能够自如地负责吉他的节奏部分并发挥我的演唱水平，没别的，就是苦练。

在日本期间，我的音乐作品得到古典音乐指挥家小泽征尔的关注，我们不仅见了面，我还受邀参加了他指挥的作品《地球交响曲》。那是1996年由NHK举办的新年跨世纪节目，《地球交响曲》通过卫星联接同一时间不同国家和城市的演奏和演唱,并向全球转播。参与这个节目的都是受到小泽征尔的邀请,如马友友、曼德拉、斯比尔伯格、大江健三郎等人。有一次小泽征尔在香港演出,他邀我观看,我们一起吃香港的炒面。他问我是否到过美国,我说从未有,他表示惊讶,他说他感觉到我的音乐受到西方摇滚乐和民谣的影响。

或许在那个时候我就下决心要走得更远。

后来我就像斯比尔伯格的电影《A.I》中的对白说得那样:"去曼哈顿,那个狮子淌泪的地方寻找答案……"

艾敬和小泽征尔在香港

地球シンフォニー
SYMPHONY FOR THE EARTH

◇ 放送日時
　1月1日(日)　総合午後7時30分～10時20分

◇ 番組のねらい
・第2次世界大戦集結から半世紀、21世紀まであと6年、人類は新しい世紀へのカウントダウンを迎えている。
　「今、地球はどうなっているのか」
　「人々はどんな思いで戦後を歩み、この世紀末をどう生きようとしているのか」
・地球上にふれる「音」と「歌声」を手がかりに、地球の現実の姿とそこに生きる人々の思いを伝え、"平和への祈り"を込めた新年の門出の番組としたい。

◇ 番組の内容
・小澤征爾氏が番組の中核としてNHK・101スタジオの指揮台に立ち、サイトウ・キネン・オーケストラを指揮しながら、「戦後50年」と「現在の地球」を象徴する世界各地約10個所を衛星中継で結び、対話しながら番組を進行していく。
・中継地点には一流の音楽家が出演し、世界の共通語としての音楽と、小澤征爾が番組取材で出会った著名人のメッセージにより、平和への祈りを紡いでいく。

担当　地球シンフォニー プロジェクト　天　城
　　　広報室　　　　　　　　　　　　白　石
　　　　　　（5478-2450）

《地球交響曲》宣伝図

东京演唱会

艾敬东京演唱会海报

5 狮子淌泪的地方

——

1997　纽约

艾敬在纽约 CMJ 音乐节

狮子淌泪的地方

1997年我第一次来到纽约，从肯尼迪机场出来一路奔向曼哈顿。当那一堆雄伟的建筑出现在眼前，我感到片刻的窒息或停顿。我坐着的Taxi好比是一匹骏马，在看到曼哈顿的时候，我惊呆了，曼哈顿犹如一头巨大的狮子出现在我眼前，我感到了时间凝固的那一瞬间。

曼哈顿的建筑群犹如一幅凝重的油画展现在眼前。我瞪大眼睛仔细端详它，当穿过这堡垒般的坚硬外壳，渐渐走入这群建筑，它的活力和创造力向你迎面扑来。这里包容不同种族不同口音不同肤色，这里是野心家和梦想家以及漂流者的乐园，来自世界各地的人们带来自己的信仰和饮食文化，在这里扎根儿，同时又相互融合，最终形成一种独特的非常活跃的曼哈顿文化。人们常说："如果你可以在纽约生存，你可以在任何地方生存。"实际上在这里生存是非常艰难的，艺术家往往需要做兼职才能维持生活，他们做餐厅服务员、商店售货员，业余时间坚持创作，直到梦想成真或者梦想被遗忘。

纽约SOHO区在下城（Downtown），过去是工厂厂房，建筑很有特色，房顶高，窗户大，通风和采光好。早期房租便宜，被一些艺术家用作画室和租住，附近就是中国城和意大利城，随着艺术家的汇聚，一些画廊也逐渐开在那里。因为艺术引发新的视角和关注，自然而然商家就来了，商业店铺在艺术氛围里运营也提升了商品的格调和品位。结果地产商就自然地跟进，重新维修和改建的高档酒店和公寓出现了，高档餐厅和其他商业活动就多了。SOHO 的房子租约一般是 10 年左右，这样就帮助了一个地区稳步地发展从而形成了自己的风格。当商业已经完全占据了这个艺术前卫的地区时，艺术家们只好再去别的地区发展，反正艺术家总有化腐朽为神奇的想象力和能力，比如现在的 CHELSEA 过去是肉食批发市场，现在已代替 SOHO 形成了一个新的艺术时尚圈。

初到纽约的我准备像海绵一样吸取所有好玩儿的事儿，为我的下一张专辑寻找灵感。当时我住在上城上东区六十几街，距离中央公园很近。我上午在学校学习英文，下午泡在咖啡馆里写歌。我常常背上溜冰鞋走过两个大马路去中央公园溜冰，再就是，每天往 SOHO 跑，我对那里好像有很熟悉的感觉。之前在日本看过描写涂鸦艺术家巴斯奇亚 Jean-Michel Basquiat 的电影，他曾经生活在纽约的 SOHO 区域并在街道上结识了正想走入餐馆的美国当代艺术教父安迪·沃霍。我喜欢那里到处是涂鸦的墙面以及人们不拘一格的装束，一些小咖啡馆儿里的旧家具，一些嬉皮，一些颓废，一些坚定，一些迷茫。与之相邻的格林威治村、东村都是音乐家和艺术家、诗人以及作家的居住地。纽约街道到处弥漫着咖啡的香味，我呼吸到艺术的氛围和那些空中飘着的创意，"纽约犹如一个贵妇手中打开的首饰盒一样璀璨夺目"。我的第四张专辑《Made in China》大部分在纽约写成。

纽约·夜

纽约的夜曲是刺耳的警鸣，伴随着撕裂的急刹车，轮船与柏油马路像两个鲁莽的硬汉在幼稚地较量。

我睡在窄小昂贵的学生宿舍，筋疲力尽地做完功课，开始4年贫乏的京城，和我高尚却无味儿的公寓。

闭上眼睛或许片刻飘离了。夜晚不过是依偎一张床，哪里不都一样？！

Why I am here？昨天在寓所中平白的墙壁上印刷我平板的脸的时候，我也这样问自己，Why I am here？

1998.7.NY

纽约·昼

清晨醒来的纽约像是淫荡了一整夜的婊子，却在清晨醒来时伸展她性感迷人的女神模样。

街道偶尔飞驰而过的黄色TAXI载着对昼的惊恐逃窜。马路两边停着几辆食品货车，装卸工人边抬货物边搜索可以Say Hi的漂亮女人经过……

我弓着背走向那家咖啡馆，想象自己的身体是高而细长。我走的感觉尽量像是一个纽约客，尽量不去在意我周围，纽约，这清晨醒来的婊子对我散发种种诱惑。我甚至羡慕她，每个夜晚的淫荡生活和她醒来后开启的圣洁。

我走进了一家CAFÉ，推开门迎面扑来的是使我晕旋的咖啡香。

1998.7.NY

6 中国
制造

———

1998　洛杉矶

《Made in China》唱片封面

中国制造

1998 年，我的音乐生活发生了急剧的转变，那一年春天我在洛杉矶位于 Santanmonika 的 CBS SDUDIO 录制完成了我的第四张个人创作演唱专辑《Made in China》。这首歌的创作灵感来自我喜欢的一位美国摇滚巨星布鲁斯·斯普林斯汀 Bruce Springsteen 的一首歌《Bron in The US》。受到西方摇滚乐的影响，我认为流行音乐可以承载更多深刻的内容和社会责任感。我以为《Made in China》是我的一张民摇摇滚的回归之作，是给那些精神上先富裕起来的人听的，我对此满怀信心。我在专辑中创作了《My Hero》《复杂》《果儿》《鱼儿离不开水》《忽东忽西》《花儿》《我和猫的斗争》《雅皮士的忧郁》等歌曲，与美国的乐手和音乐家一起进行排练以及现场同期录音。这样的录音方式在录音史上通常只有一流的演奏家和歌手才能完成。

我感到兴奋无比，录音师告诉我就在不久前我喜欢的美国爵士摇滚女歌手费欧娜·艾波（Fiona Apple）刚刚在这里录制完成她的专辑。录音棚每天的租金 2500 美金，一到录音棚，各种糕点和水果、各种茶包以及现磨咖啡已经准备妥当。录音结束后我们要开 40 多分钟车回到位于 Universal(环球影城) 的希尔顿饭店。那附近有很多餐馆，我常常去吃一个日本火锅，里面有鸡肉、海鲜以及鸡蛋的乌冬面叫做"Nabeiyaki"。我精力充沛，能吃能喝，然后又投入到每天的工作中。

在专辑出版前夕，我被通知这张专辑没有通过有关部门的正式审批，我拿到了一纸批文，上面写道："……用'中国制造'作为歌名有损中华民族尊严。"这首歌是我平生第一次在歌词中用了"爱"这个字眼，我唱道："我爱你中国，尽管你还不够好，母亲啊，我不能选择。I am made in China，在我的眼里有一个新的世界，于是我呼唤它。I am made in China，在我眼里有一个真实的世界，于是我告诉你她的颜色……"这首歌的 MV 在纽约拍摄，当我在曼哈顿的大街上高唱"I am made in China"的时候，我绝对没有想到这首歌会改变自己的人生轨迹。

1998 年年底，面对专辑不能出版，我选择沉淀自己，开始反思过去 10 年的音乐生活，或许正因为自己的速度与时代不同步，我才会孤单。爱的根本是包容和理解，于是我没有诉冤，也没有炒作，我离开了自己的经纪公司，选择一个人静静地，就像沉在海底的一粒细沙，沉静而细致。

我开始学习画画。

1999年艾敬在纽约

7 沉浸在海底的一粒沙

——

1999—— 纽约·北京

咖啡 咖啡
Coffee Coffee
布面油画
Oil on canvas
120cm × 130cm
2000

沉浸在海底的一粒沙

1999 年，我师从中国当代艺术家张晓刚，他让我自由发挥自己的想象，教我学会如何重复和控制画面的平静。我在画布上的一片天空中写诗，我把曼哈顿装进咖啡杯，我画骷髅，给它起名叫做《Mr. Bone》。我认为它是有生命的，如果你不相信爱，你眼里看到的就是骷髅。

我沉浸在绘画带给我的乐趣中。画画时没有人能知道你心底的声音和速度，表面看像是干体力活儿的，内在已与外界分隔开为两个世界，让内心的狂野和想象力自由奔放地展开。外表上平静是处于压抑的状态，这样更能够集中精神袭击画面。绘画中的我像个"疯子"，比我的师傅更像画家。

我在心底没有放弃音乐，我仍然爱着它。那个时期我听得最多的是多莉·艾莫比（Tori Amos），这位来自美国的创作女歌手的音乐总能给我力量。她用钢琴创作，她的音乐像是从小腹发出的，很有底气和韵律。小腹也是女人孕育孩子的地方。她是我所喜欢的女性音乐家，有着大地母亲般的温暖，她天马行空般绚丽多彩的声音如同一幅色彩绚丽的油画。

从 2000 年到 2002 年，我有近两年的时间没有做和音乐有关的事儿，音乐在我静谧的时光隧道里滋养。我往返于纽约和北京——我的海洋和陆地。

艾敬素描

艾歌素描

8 世纪之交
的
不安

——

2000—　北京·纽约

艾敬素描

世纪之交的不安

北京，世纪之交的惶恐不安和电子音乐强大节奏的震动，没有歌词的音乐，不需要思想的传递。高科技和化学品汹涌来袭，人们由于不安而扎堆儿。

每天清晨起床后的孤单和落寞爬上我的后背，我每天去健身房几个小时，晚上跳舞到凌晨。我在午后的太阳下疾走，我画画，我听音乐，我远离热闹的场面和人群，至少我可以管理和解决自己的情绪。我刻意与现实保持着距离，过自己的生活。我的腹肌和我的臀练得像石头一样结实，我侧面照镜子，欣赏或挑剔着自己。就这样，几年的时间里，我孤单却不孤独，我拒绝了一切与他人亲密的可能。

纽约，我又开始写音乐，在这个城市发展的终极标本面前，我幻想一种未来的生活画面：人们从钢筋水泥的森林中出逃，去张开双臂迎接大自然。我联想到发展中的都市无非是为了创建更多类似香港、东京和纽约这样的超级都市，然而这种快速的发展或者过渡的开发与环境的保护是相互矛盾的。都市的建筑材料与空间的分割把人们规划在冷漠的狭小区间里，呼吸不到新鲜的空气，人体本身的视觉、听觉与感官的需求是需要明亮通透的土地和阳光，需要人与人之间的自然交流。

我的创作主题似乎在逐步清晰，我认为艺术家需要先知先觉，能发现和引领。我想要唤醒人们，关注我们的生存空间，爱护大自然，保护环境资源。

9 熊猫
天使

——

2002— 纽约·北京

艾敬素描

熊猫天使

我的音乐创作按照一个更宽广的思路前行，我在从纽约回北京的飞机上，在13个小时的飞行中喝了一瓶红酒，完成了一个有关熊猫天使的卡通故事的写作，它的名字叫做《Pandy》。Pandy是一只可爱的熊猫天使，它生下来就有一双翅膀。它也不知道为什么自己会有一双翅膀，直到有一天它发现自己周围的树木被砍伐得七零八落，它的兄弟姐妹们各奔东西，它忽然明白了自己肩负着一个使命。它经过7天的飞行，经历不同的考验和奇遇，最终找到了一个叫做"haven's feild"的地方。那里所有动物共生息，花草绮丽、空气新鲜，那是一个美丽的家园。这个故事分为15段，每段文字简练明了，并配有图画。我写了两首主题歌《你是我的天使》和《天空原野》，并请到著名音乐家三宝为我编写了23分钟长的主题音乐，在音乐中我朗诵了《Pandy》的故事。

之后，配合《Pandy》故事，我还投资拍摄了一个短片，分别在纽约的时代广场、东京的涩谷、香港的天星码头、北京的长城四个城市的地标，拍摄路人对着镜头说同样一句话："I Love Panda。"

现在想来，我做的事情是影像艺术的创意，它已经超出了一个传统唱片制作的内容。我的创作思路已经不受约束，我在音乐创作上的想法已经脱离了所谓的现实，而我认为现实里大多数人是缺乏远见的，我的自以为是注定了这个梦的结局。

10 是不是梦

——

2002　北京·伦敦·纽约

艾敬在伦敦录制《是不是梦》

是不是梦

2002年6月,我成立了自己的音乐工作室,放弃了与丹麦一家唱片公司的合约,丝毫不顾及为这件事张罗奔波的著名DJ、我的朋友张有待的感受。我不想总是在海外发展,我从内心渴望回归本土,多年的海外漂泊更使我增添了一种使命感,我决定自己出资录制这张《是不是梦》。我把在日本横滨国立大学毕业的小妹妹艾丹召唤回来,学了传说中窦唯对乐队说的话:"回来吧,跟着我有挣不完的钱。"

7月,我独自启程去伦敦录制两首单曲《水牛66》和《New York, New York》。7月的伦敦,天气格外好,我和乐手们在租用的专业排练场里排练这两首歌。我又回到音乐的怀抱,好像回到了久别的爱人怀里。排练的过程相当愉快,几位伦敦小伙子含蓄而有礼貌,严谨认真地一遍又一遍地排练我的音乐,和我沟通音色等细节。我们在录影棚里不断地调试着鼓的音色,我们根据不同的音乐去选择吉他的音色,采录的方式有时候直接从录音台上走,有时候用外露麦克风,有时候从吉他音箱上采录音色,这些乐器在音色上的选择和调整都是根据每首歌表达的内容去定制。为了找出我的声音最适合什么音色,我们也在麦克风上进行对比和试音。在伦敦颇具历史的RMK录音棚里,无数著名的音乐家曾经在那里录音,悬挂在二楼的那些音乐家的照片鼓励着我,似乎是在暗示着我来对了地方。

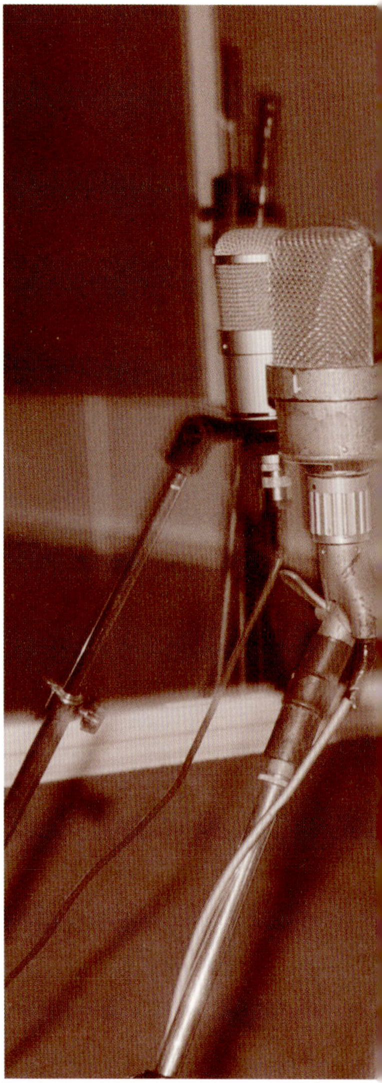

艾敬在伦敦录音棚

11 一个人的旅途

2002　北京·伦敦·纽约

《是不是梦》唱片封面

一个人的旅途

有关《是不是梦》的路线是这样的：2002年7月，北京—伦敦—纽约—伦敦—北京；2002年12月至2003年1月，北京—纽约—伦敦—纽约—北京。为了完成这张专辑的录制，从一个甜美的夏季到严肃的冬天，我放下那些温暖和甜蜜，一个人来到了伦敦。冬天的伦敦阴冷沉闷，恰逢伦敦十几年不遇的大雪。我第一次开始思念北京，想念北京的涮羊肉，想念和妹妹一起吃"老干妈烧兔"。也思念纽约，我旅途中的爱和激情……

每天从录音棚回到旅馆的时候，我都要钻进大堂的电话间给纽约和北京打电话，然后再回房间躺进热乎乎的浴缸里浸泡。等我的身体恢复了热量才外出去找一顿可口的饭菜。记得有一次我去城中心SOHO区域一家Asia Fusion（亚洲混合风格）的餐厅吃饭，还喝了一小杯红酒暖身。我也就那点儿酒量，尤其我空腹喝酒总会醉的。晕晕地叫了一辆TAXI回酒店，途中我看到车窗外，伦敦的建筑物像一幅长卷画一样连绵不绝地在我眼前展开，那些紧密相依偎的房子看上去并没有多少温情传达，仿佛那些建筑物和里面的人们都蜷缩在冬夜里关起了耳朵不愿倾听，深蓝色的夜里无数的烟囱交错着，歪歪扭扭地指向天空。这是刚刚过了圣诞节的伦敦，我在想圣诞老人是怎么从那么窄小的烟囱里钻进每家每户的。这样寒冷的夜，似乎只有每天过圣诞节才能把这个城市暖和起来，我想到了《卖火柴的小女孩》，想到了沈阳，想到了我的父母……他们对我的旅途似乎从来没有怀疑，他们对我的信任和放逐使我在骨子里像个男人，我有些疑惑，此刻我的脆弱是属于男人式的还是女人式的?

那个晚上我把一首没有写完的歌《天空原野》的旋律通过电话留言的方式唱到我的联合制作人 Richard 的手机里。我录制完成了专辑中《是不是梦》《Stupid Girl》《Party》《摩擦》等歌曲。伦敦之旅终于要结束了，没有遗憾。伦敦的夏季多么美好，可是冬天……

就这样，经历了 2002 年的夏季和冬季，我的第五张个人演唱专辑《是不是梦》录制完成了。

这里的夜是你的白天，我追赶着，时速千里万里。

——艾敬

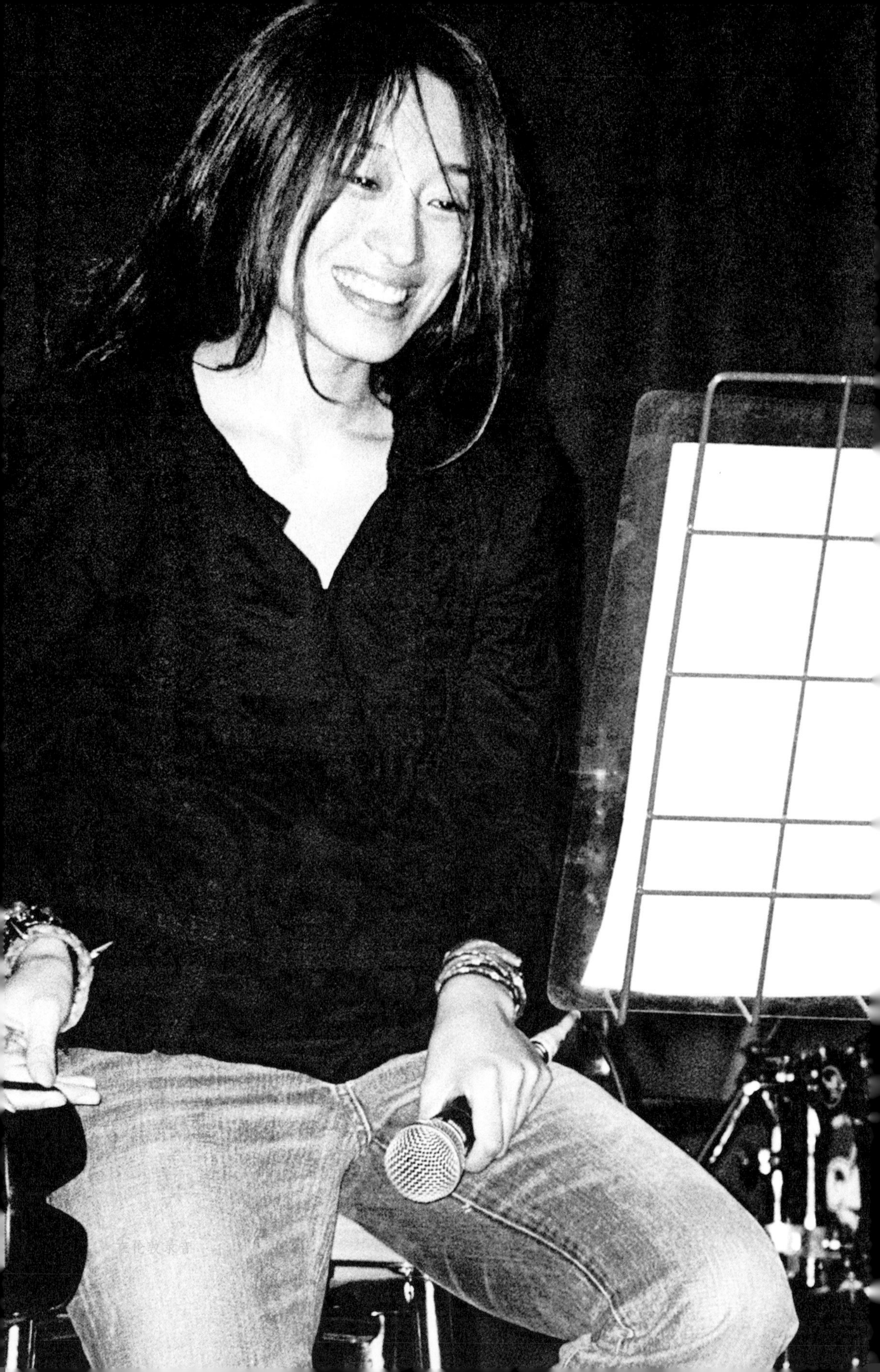

12 夏季里
的
告别

——

2003   中国

2003 年艾敬在纽约

夏季里的告别

　　2003年，我回到国内发行《是不是梦》，令我措手不及的是越来越娱乐化的电视媒体。我咬牙坚持着自己的信念，为了宣传《是不是梦》参加了一些歌友会以及一些综艺节目，从南到北。我尽量去放低姿态迎合，希望能从中渗透自己的音乐，哪怕只是一小部分。

　　歌唱应该在一种有准备的情绪和状态之下去表现，它需要专业灯光和音响的配合，需要美感和在合适的环境氛围下进行。它不可能在一段神侃和游戏搞笑之后马上进入一首歌的深情演唱，那样太过荒谬和错乱。经常在电视节目中主持人会突兀地要求正在访谈进行中的你清唱一段，我尽管错愕也要镇定谦逊，人民的"艺人"我做不到，我为他人和自己掩饰着尴尬，我心里在淌血，我追求的音乐制作上的细微和丰满的层次回到这里只变成了两个频道：伴奏带和人声。（这是为什么我那么讨厌卡拉OK）我在国内参加的大型演出几乎都是用伴奏带，有时候对口型也行。有几次我和乐手去到现场才发现根本没有做现场表演的基本条件。每次参加完自己不喜欢的工作我就会在半夜从睡梦中猛然醒来，像是丢失了某种心爱的东西一般惊慌和懊恼。我讨厌自己欲拒还迎，我无法适应，无所适从。

2003年艾敬在纽约

无数个渴望温暖的夜晚，我的梦想和坚持显得越发天真和自私，我知道我必须做出选择。"南征北战"下我身心疲惫，我的左耳不知是因为压力所致还是飞得太劳累，它在某种无法预期的情况下会"耳塞"，就像坐飞机要降落时耳朵所感到的不适，耳朵里鼓满了气而使得听力骤然下降。我非常惊慌焦虑，听觉对音乐家多么重要。我到几家医院检查过也不得所以。我后来留意到这种"病状"的发生是每当我遇到自己并不喜欢的工作下发作。我的左耳就像一个会生气的小孩，想要拒绝听从那些无聊的工作。

那个夏日里，大街上的人们似乎早已忘记了"非典"，另一场狂欢已经开始。

在我工作室的露台上，我举办了烧烤会，没有告别和说明。第二天，我踏上了去纽约的旅途，决定在那里定居，极其不负责地把妹妹留在了北京。

我从一个梦中醒来，另一场梦已经开始。

13

我的爱人
和
情人

———

在你忘记我的时候，我已经忘记我自己。

——艾敬

我的爱人和情人

　　音乐不再是我的"爱人"，过去我曾经把音乐当作我的爱人，我爱它胜过我生活里的任何人和事，为它付出多少辛苦也心甘情愿。我就像小王子一样绕着地球飞来飞去，用爱浇灌着心爱的"音乐玫瑰"，滋养它，为它寻找答案。然而我和音乐的爱逐步地从甜蜜走向苦涩，无望和焦灼伴随着我们。

　　音乐只是我的"情人"，我和它只在特定的时间和条件下温存。我很喜欢这种角色的对换，这使得我轻松了很多，也使得我和音乐的关系更融洽也更有质量。不定期地我会录制一些新的歌曲，我珍惜和"音乐情人"在一起的短暂快乐，非常享受音乐的排练和录制过程。我已不再是当年那个为它不顾一切的梦想者，我也不期待音乐带给我任何幻想和回报。我看得清事实懂得放手，也懂得调适在可能的情况下与它在一起。我们回归到音乐的本质，拾起当年面对音乐的简单初衷。不求结果，不要彼此付出，只有快乐。

2002年艾敬拍摄于纽约鹤落酒店

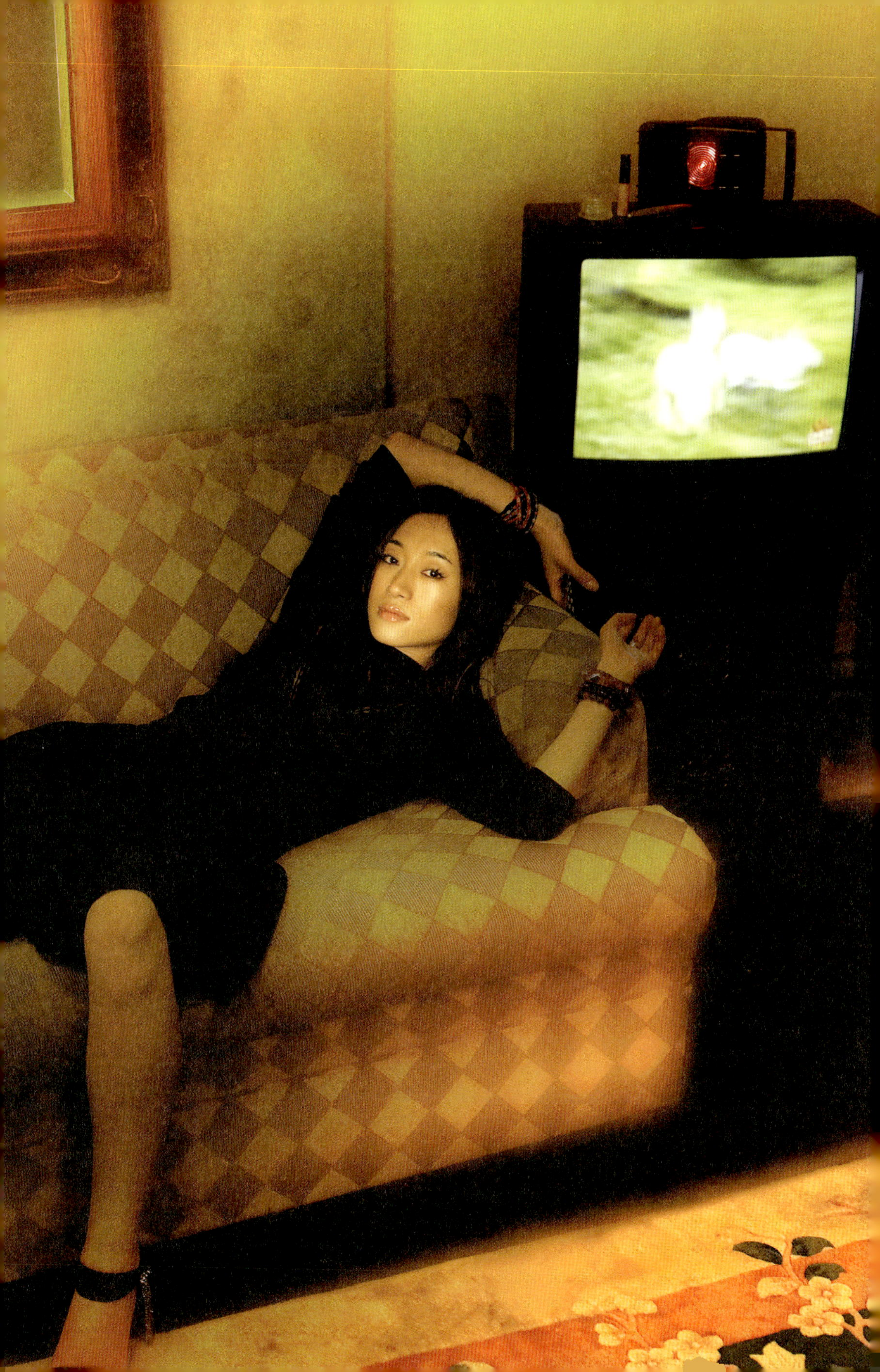

一 我最喜爱的音乐家
My Favorite Musicians

BOB DYLAN

1941.5.24 —

鲍勃·迪伦

原名罗伯特·艾伦·齐默曼（Robert Allen Zimmerman），有重要影响力的美国唱作人、民谣歌手、音乐家、诗人，获2008年诺贝尔文学奖提名。迪伦的影响力主要体现在20世纪60年代，他对音乐最主要的贡献是歌词的深刻寓意与音乐成为同等重要的一部分。他对工业国家整个一代人的敏感性的形成起了很大的作用。他的音乐对理解和分析20世纪60年代是至关重要的。纵观其音乐生涯，Bob Dylan 堪称赋予了摇滚乐以灵魂。我的一首英文歌《New York，New York》歌词受到她的影响，我是说，尽管我们表达的歌词内容完全不同，但是在英文句子的写作上模仿自《Blowing in the Wind》。

TRACY CHAPMAN
1964.3 —

特蕾西·查普曼

出生于美国俄亥俄州克利夫兰的一个工人家庭，从小开始学习弹奏吉他，后尝试创作歌曲。高中毕业后，因获取少数民族学生奖学金得以到大学就读深造。在大学时，她主修人类学和非洲人文学。求学期间，她迷恋上了民谣摇滚，开始在咖啡馆里弹唱自己的作品。自 1988 年以同名专辑与其中单曲《Fast Car》进入歌坛并且一鸣惊人以来，特蕾西·查普曼 (Tracy Chapman) 就一直被视为创作型才女歌手。她的音乐曾陪伴我拍摄我参演的第一部电影《五个女子和一根绳子》。在陕西和甘肃交界的古长城边，在拍戏的空隙，我边听边哼唱着她的歌。她的歌声和音乐犹如沙漠里一颗顽强喜悦的沙砾，随风而动，沐浴着阳光，奔跑在月光之下，雷鸣闪电随她舞动。

PINK FLOYD
1965 年成立

平克 · 弗洛伊德

英国摇滚乐队,他们最初以迷幻与太空摇滚音乐赢得知名度,而后逐渐发展为前卫摇滚音乐。平克 · 弗洛伊德以哲学的歌词、音速实验、创新的专辑封面艺术与精致的现场表演闻名。1979 年,Pink Floyd 让世界震惊,《The Wall》诞生了。这是一张摇滚歌剧性质的双唱片,总长一个半小时,大部由 Waters 撰写。唱片讲述了一个英国歌手从孩童起的成长过程,被认为带有 Waters and Barrett 的自传的影子。主人公父亲阵亡于二战,从小失去父亲的主人公在严酷刻板、摧残个性的教育制度下成长,逐渐个人同外界筑起一座阻隔交流的高墙。最后在《审判》曲目中,高墙被推倒。结束曲《墙外》表现主人公重新回到社会后的迷茫和无助。其中单曲《Another Brick in the Wall》成为金曲。《迷墙》造就了平克 · 弗洛伊德的顶峰,成了西方文化的一个经典作品。专辑本身被改编成同名摇滚电影,由阿伦 · 派克执导,鲍勃 · 戈尔多夫主演。20 世纪 90 年代初,我们一群音乐孩子迷恋平克 · 弗洛伊德的音乐,他们的音乐电影《迷墙》把我们看傻了。迄今为止,《迷墙》没有被超越,那样的影像和音乐是政治、哲学、信仰的综合体现,是真正的艺术。

JANIS JOPLIN
1943.1 — 1970.10

贾尼斯·乔普林

1943年1月19日生于美国得克萨斯州。这位20世纪60年代的迷幻女杰，曾以其自信、性感、直率、嘶哑，甚至邋遢肮脏的方式以及触电般的舞台表演，征服了亿万观众，迄今无人能比。她被称为最伟大的白人摇滚女歌手和伟大的布鲁斯歌手。我在20世纪80年代末的北京听到她的音乐，她的音乐由台湾已故才女林维带来大陆，由黄晓茂推荐给我。那个时候我正在中央戏剧学院表演系进修，同时在筹备我的首张个人唱片《我的1997》，她的音乐和她沙哑的嗓音来去自如陪我贯穿着1990年北京的秋与冬。

NEIL YOUNG

1945.11 —

尼尔·杨

1945年11月12日出生在加拿大多伦多。我却总以为他是美国人。他尖亮的嗓音、高大的身材和宽厚的肩膀,走路摇摇晃晃步履蹒跚,踌躇满志,像是从森林里走来的普通农夫,然而他的手里拿着的是一把吉他或者一瓶酒。他是提出问题的人,坚韧细腻。尽管他的第一张专辑诞生之时,我才刚刚出生,但我却一直追随他的音乐脚步。我喜欢他与伦敦交响乐团录制的那张专辑,大约在2003年看过他在纽约麦迪逊广场的演唱会。2010年,在纽约看了他的纪录片,他迷糊的身影消失在银幕后,人们可能会说一个时代结束了。是的,但是更多想要缔造新的历史的人们都还在伟人的影子里。

PATTI SMITH

1946.12 —

帕蒂·史密斯

诋毁者曾说她是"不会唱歌的烂诗人"。然而时至今日,她已经成为了大众文化的符号性人物。她的音乐影响了其后的 R.E.M 乐队、史密斯乐团等重要的摇滚力量;她的肖像成了罗伯特·梅普尔索普、安妮·莱博维茨等大牌摄影师的代表作;而她的风格和形象也成了其时尚设计师朋友阿尼亚斯贝(Agnès B)等人的灵感来源。她是朋克教母、纽约先锋艺术的第一夫人,更是诸多艺术家的缪斯和导师。以上诸多的标签之外,她曾经是我的精神偶像,我曾在 1998 年纽约的一个音乐节上看过她的演出,音乐一开始她就把吉他琴弦扯断,我当时被震撼得头皮发麻!我的一首歌《My Hero》是受到她的影响而写。她的爱情故事犹如我的,一切从 Chelsea Hotel 开始。

SINÉAD O'CONNOR
1966.12 —

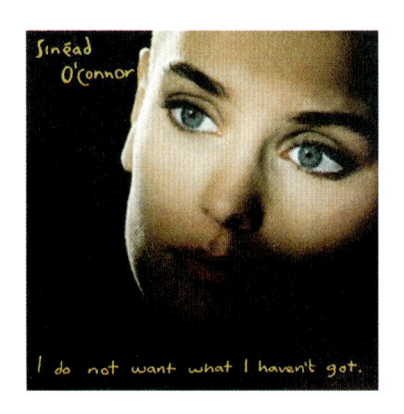

辛妮·欧康纳

20世纪90年代最具个性并最富争议的流行音乐巨星之一。爱尔兰人特有的倔强和灵性使她成为一位独具风格的惊世骇俗的摇滚女歌手，在20世纪80年代末至90年代初可谓享誉全球。她的每一张专辑我都会听，她也是影响我的音乐风格形成的人物。在筹备我的首张专辑《我的1997》的时候，我每天都会听她的音乐。她的MV《Nothing Compares to You》由一个镜头拍摄完成，在20世纪90年代初期的北京音乐圈中流传。

SUZANNE VEGA

1959.7 —

苏珊·薇格

被认为是 20 世纪 80 年代民谣运动复兴的领军人物，那时她经常怀抱着木吉他出没于 Greenwich 村的俱乐部，唱着那经由她自己改编的黑人布鲁斯歌曲及现代民谣歌曲。经过资料搜集才知道，她是在纽约长大。几乎我喜欢的艺术家都与纽约有着不解之缘，即便他们甚至有些不是美国人。我曾被日本媒体称做中国的"Suzanne Vega"。好吧，说回 Suzanne Vega，没有听到她之前，我没有写《我的 1997》，在听了她的《luka》之后，我决定把当时自己 19 岁以前的人生经历写一遍。想来可笑，当时感觉自己已经经历很多了，一定要纪念一下。后来才明白，人生是由一个个段落组成，而每一段可以是毫不相干的。

BRUCE SPRINGSTEEN

1949.9 —

布鲁斯·斯普林斯汀

美国 20 世纪 70 年代以来大红大紫的摇滚乐巨星之一，号称"蓝领之父"。他的形象迷人，与之相匹配的是他更迷人的灵魂和思想。1984 年，《诞生在美国》（《Born in the U.S.A》）在美国排行榜榜首停留了 7 周，销量超过了 1200 万张，在英国排行榜上停留了两年半之久。这首歌出版了十个年头之后我才听到，那是在 20 世纪 90 年代初期，我对自己暗暗发誓，一定要写一首《Made in China》。1998 年，我在纽约写成了我的《Made in China》，然而也正是由于这首歌的出版受挫，使我转入绘画，进入了视觉艺术领域的大门。

U2

1976 年成立

U2

20 世纪 80 年代英国最受欢迎的摇滚乐团。起源于爱尔兰的 U2 组合从 1977 年就开始了他们的音乐生涯。乐队由主唱 Bono、吉他手 David Evans、贝司手 Adam Clayton 以及鼓手 Larry Mullen Jr 组成。

U2 乐队的音乐无法用语言描述，你只有把他们的唱片每一张翻出来去听，即便如此也是不够的，因为你不与他们成长在同一个时代，就算是同一个时代的人，又与他们生长在不一样的天空下。U2 今天已经是一个符号，一个永远无法被超越的摇滚乐符号。

第二章

一 艺术、生活和挣扎

1 身体在这里，
精神在别处

———

2007.2

艾敬在 Joe's Café

身体在这里，精神在别处

又回到纽约，这个不再令我兴奋的城市，我却归心似箭。只因为一个人。是的，在哪个城市生活都不再重要，要紧的是生活中谁和你分享这一切。

来时在北京首都机场的安检处，有一个四五岁大的小女孩凄惨地哭喊着："我不要去美国！"周围的大人们无不侧目，各自猜想着小女孩哭闹的原因，似乎这也提醒了正要展开旅途的人们扪心自问："为什么要展开这辛苦的旅程？"

他来肯尼迪机场接我，没有像往常那样精神百倍，我暗自生气。后来他才告诉我，因为他的脖子和肩膀酸痛得厉害，在接我的早上突然头部无法转动……"没有女人的男人会生病的。"这是舞剧《云南印象》里一段来自云南民间歌谣的吟唱。我只有加倍地爱护他，像对待一个孩子。

我终于变得麻木。习惯了漂泊生活的我，对于外面的世界似乎已经没有了好奇和探索的欲望，我宁愿享受一份宁静和温情，尤其在这寒冷到来的冬天。

此刻，我身处纽约，脑子里却是北京的画面，灰的白天和灿烂的夜晚，我甚至还能闻到北京空气里弥漫的水泥味道，那是混合着欲望、野心、浮躁不安和令人窒息的都市味道。我幻想自己仍坐在车子里在拥堵的马路上缓缓而行，街道两旁还有一幢幢高楼大厦和还在兴建中的楼盘、自行车和行人，半空中悬挂着的商品和住房的广告描绘的尊贵豪华生活像一幅绚丽的画，是都市人抬头可视的梦想。为了它挥泪洒汗，竭尽全力去解决现实中的困难或者被现实解决。

我人在纽约，却能把北京的生活画面如此精细地在脑海和记忆中回映。我的意念带我回到北京，触摸我留在那里的一切，如客厅里散落的书籍，我的两棵树，我红色的沙发和我的邻居。今年冬天我还没来得及去吃满福楼的涮羊肉……

我发现自己一直处于"身体在这里，精神在别处"的生活。假如此刻我在北京，我也能如此这般地呼吸纽约。

我曾经说过："纽约是我的海洋，北京是我的陆地。"而今天我才知道，没有哪一个城市是属于我的。自己只不过是无数异乡人群中的一个过客，我对这些城市的爱和眷恋只不过是某一年某一天或某一个时刻的匆匆影像，在存在与不存在之间了无痕迹。而我真正鲜活的旅程是我内心的情感，它可以跨越时空，不需要任何交通工具，用意念出发，可以自由地去见任何人去任何地方。

艾敬在纽约生活照

2 音符香港

———

2007.4

音符香港

4月中旬的香港，温和湿润。我来到这里为了完成一个任务，录制重新改编的《我的1997和2007》。

改编自己的代表作是需要一定的勇气的，在长达数个月的时间里我慢慢地进入了创作状态，由怀疑和不确定到重新又找到了创作的热情和乐趣。歌词、音乐和节构，就像绘画中的线条、色彩和构图。一切准备就绪，我决定到香港录制音乐部分，因为这首歌是为香港回归10周年而创作的，邀请香港的音乐家参与才能最终符合并体现音乐和情感的统一以及文化内涵的赋予。

于是，我从纽约飞回北京，休息几天又飞到香港，跨越了大半个地球来完成这个光荣的任务。2007年已经到了，我对音乐的理想化和完美化的追求还是没变，即便现实要付出更多的体力和财力，但是决定的那一刻我完全以音乐的需要为主，现实的困难仿佛都可以超越或者忽略不计。

到了香港，降落在气派非凡的香港国际机场。想起10年前位于九龙城市区的机场，每次降落前划过居民楼房上空都有一种紧张感，如今位于海岸边的机场，从飞机上俯视温柔的海湾，大海中像一只只白鸽般停靠或漂泊的船舶，尽显温婉、娴熟的美态。香港本身具有的美感是比它外表的时尚和先进更为美丽的，而这一切只有游人和过客才能体会。这个繁荣忙碌的大都市里的大多数人无暇也无心浏览和体会。勤劳的香港人用智慧和汗水，把最好的部分呈现给了游人和过客。

录音非常顺利，我需要的音色——笛子，从其中独白的背景音乐中飘来，那种香港百年来未曾改变的渔港的质朴情感，正是我需要的。我只是唱了两遍，决定用第二遍。我很高兴，录制音乐的过程仿佛回到了我最熟悉的游戏，无论时隔多久也不会生疏忘记。我与音乐家的交流和沟通从来都很畅顺，音乐中我的直觉和即兴加入的一些决定，使这首歌更有趣。我庆幸自己来香港录制音乐的决定是对的，就这首歌而言。

香港人很现实，不讲"耶稣"，意思是"不讲大道理"。体验过香港饮早茶的茶楼文化，报纸和点心同样新鲜热辣，八卦娱乐和生财之道，你说我讲。很多年前，我在香港停留的一段时间里，从原来很不适应茶楼的嘈嚷，到后来甘愿掉进人声鼎沸的茶楼里。那种嘈杂竟然能给我带来一些思维上的幻觉，能够令我的思绪打开，一边品茶聊天一边也能进入自己自由想象的空间，把自己放置在现实之外。

香港人很善良，在20世纪90年代中期，大陆南方时常发生水灾，每当这个时候，香港人仿佛从自身的挣扎和冷漠中苏醒，慷慨解囊。香港演艺界人士发起长达十几个小时的募捐义演，老人和孩子捐出自己有限的零用钱，企业家捐出千万百万善款。血浓于水，我亲眼见证了香港人的善举，心存感激。

10多年前，有一位香港听众告诉我，我每唱一句"1997快些到吧"，他的心都要紧张地跳一下。回归前的香港人既开心又担心，开心香港终于结束了殖民地的耻辱，担心香港繁荣的经济会有所改变。有些人在1997年前移民海外，在几年的观望后又纷纷回流，正如大陆的"海龟"越来越多。10年后的今天，香港回归祖国后，在"一国两制"的政策下，更加稳步而有力地向前发展，今天的中国也给海外游子更多的信心。

喜欢香港的早晨，所有城市的早晨都是美的，但是香港的早晨在我眼里是最美的。

"早晨的香港，空气里散发着勤劳和善良。"这是《我的1997和2007》歌词中一句独白，是我真实的感受。早晨赶路的上班族和学生，或匆忙或一副无忧无虑的天真的脸；报亭和早点店，埋头认真准备一天工作所需的人们；锁在橱窗后诱人的商品，街上停泊未发动的车子……这个城市的一切都要靠勤劳的香港人去启动运转。所以，香港的早晨是我呼吸到的最质朴的令人感动的空气。在它绚丽的外表之下，香港的早晨尤为动人。正如用"东方之珠"称呼一样，时间的累积圆润而丰泽，散发出耀眼的风采。

3 流泪
的
艾敬

———

2007.4.14

BUT.LOVE
布面油画
Oil on canvas
80cm×100cm
2000

流泪的艾敬

今年春天，纽约居然是雪花儿纷飞，地球另一边的北京也有风沙肆虐的几天。这种景象给我们营造了一个似梦的生活，对于眼前和未来的事物都有着看不清方向的瞬间。我在两个熟悉又陌生的城市里过着同样的生活，感觉这两个城市里只有我和他，还有同样的早餐。

要别离纽约的几天里，我才把每天规律的生活放缓，走在满大街的游客当中，和他们一样兴奋地仰头，看那些有着百年历史的建筑，扬发着老绅士般的美感。我在SOHO常光顾的法式CAFEÉ—Le Pain里，听游客们用带着法国或者意大利腔调的英语愉快地与他们的妻子和孩子讨论着他们即将游览的行程，我耐心地倾听着，和他们一样高兴。

北京还有没有我的思念？我已不太确定。曾经给朋友们带回去多少咖啡、书籍、香水还有唱片，可是我和他们都在过着自己的生活，都被各自的情感和工作关在一个空间里。我和大多数的朋友们都不期待相见，仿佛友谊的情感已经在某个时期里圆满完成而不再发展。

离开纽约的前一个晚上，和他还有Danny一起在东村9街三大道的一家日本料理店吃饭。已经是晚上10点以后，餐厅里还要等位子，还是热闹非凡。我们三个不喝酒的人也聊得正酣，从艺术到家庭，从日本餐聊到Danny早年留学日本的姐姐和姐夫。Danny的姐夫是著名的艺术家蔡国强先生，如今他的爆炸绘画艺术作品在美国以及全世界被一流的美术馆——大都会博物馆和 MOMA 美术馆收藏。

蔡国强夫妇早年在日本东京试图在银座大约 2000 家的画廊里寻找机会，他们背着自己的画作去这些画廊自我推荐，可是没有一家画廊愿意看一下这位未来大师的作品。蔡国强一直想要从师于日本美术界一位著名的老先生，可是这位老师要求甚严，蔡国强屡次申请都被拒绝。有一天他又要去拜访这位先生，蔡国强的妻子要求陪同前往。先生看过画作后又再次拒绝蔡国强。但在转瞬间老先生看到蔡国强的妻子眼里含满了泪水，于是动了恻隐之心收下了这位日后令他骄傲万分的学生。

去年，在日本国内一次很重要的艺术展中，蔡国强夫妇又和恩师会面，蔡的妻子用日语恭敬地对老先生说："谢谢，先生！"在听到 Danny 讲述到这里的时候，我忽然止不住地流泪，就在人们交杯换盏的日本料理店里，就在我敲打这段文字的时候，我被蔡的妻子深深地打动。不仅因为她放弃了自己优秀的绘画天分全身心地帮助丈夫，也不仅仅是因为一个女人在那样艰难的境遇里依然相信自己的丈夫，而是今天在艺术上取得成就的蔡国强的夫人竟然是那么平静和从容，完全看不到泪水的痕迹，是因为那份女人的力量。

在肯尼迪机场和他分别，总会有很多的泪水。无数次的离别场面，无数次看他在机场大厅里徘徊不愿离去，他还会假装转过身无所谓地游荡几步，然后又转回头看我，张望。那种可笑幼稚的肢体语言和他平时迈着自信快乐的步伐、有着明确方向的样子完全不同。忽然愧疚，我忍不住流泪。

有一次我问他："为什么和你在一起以后我那么喜欢流泪？"他说："因为你懂得爱了！"

ON
布面油画以及综合材料
Oil on canvas&Mix Media
100cm × 100cm
2007

OFF
布面油画以及综合材料
Oil on canvas&Mix Media
100cm × 100cm
2007

4 艺术风暴

2007.4

2004年张晓刚拍卖作品

艺术风暴

3月初回到北京停留了仅仅两周的时间，刚刚从陌生尴尬中挣脱出来，刚刚和北京家里的一切开始亲切起来，我却又回到了纽约。尽管有一些不舍但还是带着更多一些的兴奋踏上了旅途。

在北京的时间里见到好几位艺术家新老朋友，如老朋友刘炜、马六明、陈文波，还有我师傅张晓刚同志。"我终于沾师傅的光了！"我对师傅说。在2000年到2001年的时间里，我在师傅张晓刚工作室里学习绘画。那时候国内没有什么人知道张晓刚的大名，尽管他在美术界和王广义、方力钧等人已经在国外的艺术界享有盛誉，但在当时国内很少有艺术圈以外的朋友了解他们。师傅有一次开玩笑说，要想了解张晓刚还要通过艾敬的新闻链接。只不过才五六年的光景，师傅以及他周围的很多艺术家已经成为国内外炙手可热的人物，其作品也成为当代美术界最值得收藏的艺术品。

当时师傅周围的艺术家都调侃我是师傅唯一的俗家弟子。他们当中有几位学院出身的画家都曾在张晓刚的课堂上学习过绘画，我虽然不是学院派出身，但是用栗宪庭的话说，我的胆子很大。记得有一次，我在画中将纽约曼哈顿城放在一个咖啡杯里，天空中还飘着雪花。我请策划人、批评家栗宪庭——爱称"栗爸"——给一点意见，他看着画面上大片飘落的雪花说了一句："胆子很大嘛！"好在我及时领会，把雪花减去了大半。想想那段学画的日子真的很快乐，对我而言，当时的美术界犹如世外桃源。

师傅是很聚人气的，无论他走到哪里都会有一些艺术家们，如影相随在一起。每次吃饭也都是呼啦啦一群人，四川菜、重庆火锅热辣辣的，低廉火热又亲切。

隐约地还是感觉到美术界有一种江湖的味道。2006年，策展人黄专在纽约策划了一个艺术群展名为"江湖"。我不禁哑然失笑。只有身在其中者才能体会何谓江湖也。这次在北京见到师傅张晓刚只是短短的十几分钟，他的工作室里有很多人在等待"接见"。令人高兴的是师傅还有很多我熟悉的感觉。离别时我送给他两包从纽约带回的咖啡，问他是否还需要什么。他说一些唱片吧，"你知道我喜欢什么"。回想起和师傅学画的时光，那段时期是我沉在海底的日子，对于我这个乐于独处的人来说，与师傅相处是一种难得的缘分，也因为师傅有着宽容大度的性格。

回到纽约，一场春天里的大雪在迎接我，也赶上纽约苏富比和佳士得两大拍卖行的春季拍卖，很多我熟悉的人的作品都在这次拍卖中。这些艺术家的作品价格在短短几年内翻了十几番。我的一位朋友看过预展后告诉我，她对很多作品都很失望，和那些一起拍卖的古典绘画作品相比，当代的艺术品显得粗糙无力。当然这只是她的个人见地。在市场面前难免有些仓促或身不由己，有些人的作品可能不那么完美，毕竟真正的艺术家是少数。艺术走到今天也是几代人的铺垫和努力，他们当中很多人为艺术奉献了自己的青春和激情，经历了无数灰色的日子。

这次的拍卖会又是艺术市场的一场春季里的风暴，其拍卖价格会对很多人的作品和心理产生影响。无论结果如何，艺术家们在艺术的春天里总要面临无数的风暴，有人说过成功也是一种打击。真心希望在这场风暴里，那些我喜欢的艺术家们能够完好无损地幸存，在艺术的道路上走得更好更远。

纽约苏富比和佳士得两大拍卖行拍卖现场

5 大城市
小悲哀

——

2007.6.14

大城市小悲哀

　　盛夏的都市里到处是故事，打开电脑，翻开门户网站的首页，一个个有血有肉的故事迎面扑来。犹如一股盛夏里的热浪，其中夹杂着的是腥风血雨般的残酷和赤裸裸的现实。

　　国家药监局原局长在他任职期间由于渎职而使得非法药厂生产的"药品"谋害了无数的病患；虐猫和虐狗的事件频频发生；丈夫砍伤妻子致残和致伤300多处；一位去世10多天的病患还被医院收取治疗费；一个不愿意嫖娼的民工被"鸡头"砍断双手；无锡的水质受到蓝藻的侵害；全球变暖；北极冰川正在漫漫消融……

　　车子又在缓缓而行，眼前掠过的每一个人都承载着一个故事，盛夏的街道两旁到处都是兴建中的楼盘。一种迷雾般的灰尘在车流和行人中弥漫着。一米多深的工地里，几个民工举起镐头一锤一锤地挖着地基，其中一个民工的头发已经泛白，黝黑的肌肤和健壮的体格，生就一副风里来雨里长的敦实农民模样，让人敬佩的勤劳本质老远地望过去也能辨认。白领们沿着街道两旁细窄的小路绕过那些兴建中的工地而行，民工和白领都在专注于自己的忙与行。有意思的是，那些外表整洁时尚的人们显得忧心忡忡，三五成群的民工在烈日下行走却显得坦然。

不知道是否有人统计和收集自己每天使用和消耗的物质有多少，我们会不会问自己，刚刚用过的那些塑料袋和饮料瓶，我们每天的用水，它们是从哪里来会到哪里去？会被怎样处置？是否有人关心它们的生产和被售卖的过程，完成它们有限的使用寿命之后会给环境带来什么？我们就这样把它们丢弃，和所有的生活垃圾一起。它们又会对环境诉说一个怎样的经历？它们会再以什么样的形式和姿态继续与我们在地球上共同生存？

孩子是这个城市里的希望，和孩子们一起外出游玩，从他们对事物的好奇与惊喜中，我们再去体验一个不一样的世界。我们相信这个世界是有希望的。我们为了他们要去创造一个更美好的未来。我们又会变得坚强起来。我们不怕。我们去解决那些大城市里的小小悲哀。那些小悲哀是我们的自私和忽略，是我们的容忍和默认。

生产假鸡蛋、有害大米和"红心"鸭蛋、无益奶粉等假冒伪劣食品的，随地吐痰的和闯红灯的，不给妇女（孕妇）和孩子们让座儿的，不尊重老人的，打骂老师的，这些都是恼人的小小悲哀。

盛夏来临，我们懊恼的不仅仅是天气的燥热和空气的污浊，我们懊恼要为自己热爱（钟情）的大城市生活付出极大的代价。我们对它又爱又恨，既厌嫌又不舍得离去。那些随处可见的小小悲哀像一种病毒腐蚀着我们的梦，美好的梦。

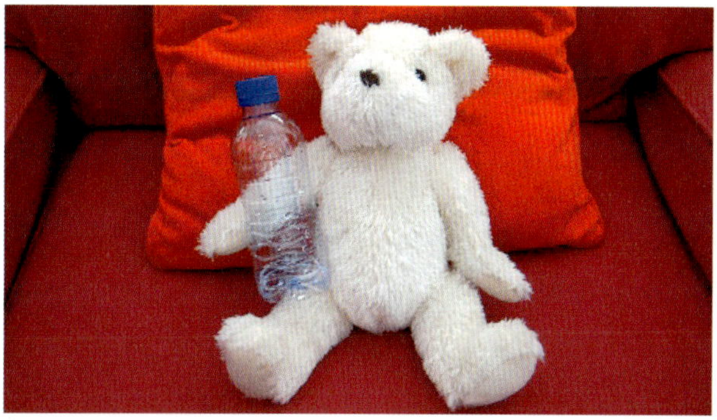

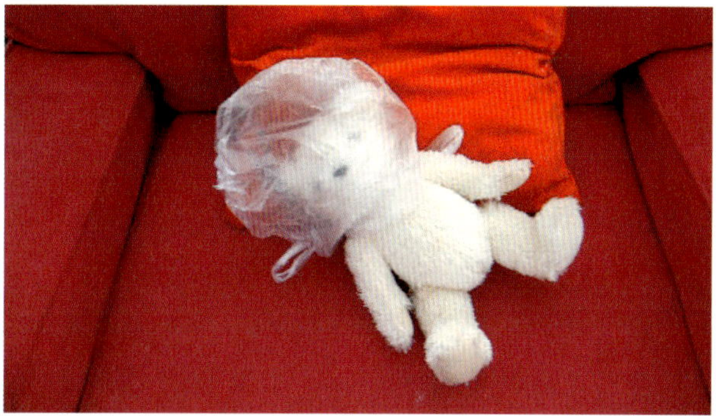

6 精子、爱情和病

2007.7

长征是宣言书,长征是宣传队,长征是播种机。

——毛泽东

精子、爱情和病

北京，一个初夏的夜晚，我和纽约中国广场艺术空间的创办人 Alex 以及几位艺术家在一起聊天，他们有肖鲁（女）、王鲁炎、景柯文、朱金石、冰逸（女）。其中王鲁炎和肖鲁同属于 1989 年在中国美术馆举办的那次由高名潞策展的"'89 现代艺术展"的艺术家，那次展览轰动了当时的美术界。

当年王鲁炎与"解析小组"的艺术家们的参展作品名为《解析》，肖鲁的参展作品《对话》则被誉为美术界的"第一枪"。"那一枪"似乎催生了蓄谋已久的中国当代艺术，使那次参与展览的整体人员成为当代美术界的领军人物。他们有栗宪庭、张晓刚、王广义、方力钧等。

在肖鲁的工作室里，300 多平米大而空旷的空间里，有她的一些新的装置作品，一些不规则的桌子和柜子。冰逸说那些柜子其实很像形状变异的棺材，透过柜子里的镜子映出自己的形象的同时，你也就被装进"棺材"里了。肖鲁听了顽皮地嬉笑。

我对肖鲁的新作品《精子》很感兴趣，问了她很多有关她的创作构思。她告诉我，在 2006 年 5 月，延安举办的一次名为"长征计划"艺术讨论会上，有 40 多位当代艺术家参与。肖鲁作为受邀艺术家决定做一个装置和行为艺术——《精子》。她准备了 12 个空瓶子和一个冷藏柜，她的行为是向这次参加会议的艺术家们索要精子，并将这些精子放在特定的温度下冷藏，半年后再选出优良的精子进行人工受孕。结果，肖鲁索要精子的行为失败。没有一位艺术家愿意参与和奉献他们的精子。

"精子"这个柔软弱小而富有生命力的词汇，在肖鲁强势心理的索要形式下，使男人处于被选择的对象，成为生育需要的播种机。肖鲁向男性索要精子，免去他的责任，与他签订不必负任何抚养责任的协议，也免去了男人享受这个使女人受孕过程的快乐，免去了语言肢体以及所有男女交合前的铺垫。男人们如果参与这个作品，可以说是一群无计可施的配种者。那些参加艺术研讨会的艺术家们都理解行为艺术等一切艺术语言，但是没有一个人愿意配合。即便是在延安，他们也不愿意播下"艺术"的种子。我甚至能想象这些艺术家面对肖鲁索要精子的行为，一边嬉笑一边偷偷拉紧裤腰带的心理。肖鲁作为女性艺术家很真诚，她并不是要羞辱男人们，她处于生育年龄的最后期限，对渴望做母亲的她来说是个机会。索要精子的行为，使男人们心理尴尬，这个游戏显然他们不喜欢。最后，肖鲁和她的12个空瓶子以及一个空置冷藏柜成为一件《精子》作品。

我们一群人在继续聊着精子的话题，并由这个话题聊到了情感。肖鲁认为她的这个《精子》作品不能掺杂情感，这也是没有索要到精子的其中一个原因。我们顺着话题聊到了爱情，这时王鲁炎开腔，他说爱情其实已经被医学论证为一种抑郁病症，这种"病"长则数年，病症的明显特征为智力低下。

如果"爱情"是一种病，要不得。如果"精子"是生命的延续，必须要。如果生命的过程不是为了体验"爱情的病痛"以及所有人世间的悲喜快乐而来的话，那么男人们为何吝惜"精子"？

肖鲁的作品是很有当代社会的思考价值的，是一个话题，是对生命和对男女关系的探讨，是给女性面对现实问题的一种思辨的机会。在1989年的《对话》作品中，肖鲁开枪解决她和男人之间的怨恨，是一种弱势心理的强势作派。今天的《精子》是强势心理、弱势索要。《对话》和《精子》是一种呼应，也是一种决裂。

也许，作品《精子》本身对男人们有一种轻视和敌意，也许肖鲁用更高明的手段打击了男人们和他们引以自豪的乐趣，也许这就是艺术家给社会的一份贡献，也许精子就是爱的最高境界，看你的心怎样去理解和看待。

1 肖鲁作品《对话》1989年
2 肖鲁作品《精子》2006年

7 艺术、
生活
和 挣扎

——

2007.8.8

艺术、生活和挣扎

　　终于有了自己的画室，在纽约。这简直是一件礼物。我又有了一种"苦尽甘来"的感觉。因为我去年就想在纽约拥有一个画室，后来在家里画着画着也就习惯了，累了还可以吃吃喝喝。等我快要忘了这个想法的时候，忽然，画室像是从天上掉下来了。

　　画室面积虽然不算很大，但是空间很高，约在5米左右，是Loft结构。这是一个老式建筑，位于曼哈顿下城（Lower East Side）。这个大厦是属于犹太人的，当然，在纽约的房地产有哪几个不是属于犹太人的？

　　这里是最早的移民登陆纽约的地方，几年下来周围的房地产开始火爆起来。这儿有很多很酷的咖啡厅和餐厅、乐器店和几家著名的现场音乐表演场地（Live House）。我在一家名为"Living Room"的表演场地里看过肖·列农以及大野洋子的演出。还有一些本地设计师的服装店和很多二手服装店，一些为犹太人定制礼服和皮鞋的老店。著名的Dj Moby在附近有一家服装店以及一家咖啡餐厅。来纽约的人必定会去的有百年历史餐厅：Katz's。那里有好吃的香肠和牛肉（Rose Beef），大块的牛肉三明治配上炸薯条和酸黄瓜端上来，满满的一大盘。可惜Katz's的食品不太合适我的口味。我钟情于一家卖酸黄瓜的街边老店，店员摆出一桶桶酸黄瓜，招呼慕名而来的游客或者老客户，一边和你聊着天气一边用带着塑料手套的手往桶里抓酸黄瓜，然后盛在一个小塑料盒里给你带走。店员还会随手送一条酸黄瓜给你解馋，不让你觉得自己是在等待中。

另外我们喜欢的是一家卖贝果(Bagle)和各种腌制的鱼类,以及各种犹太巧克力、饼干、鱼子酱的老店。贝果是犹太人的面食,是一种用大麦或者小麦制作的面包,和其他面包不同的是,它的制作工艺不是发酵而成,而是有很多道制作工序:和面,过油,过水,最后烤制。贝果有巴掌大小,中间还有个窟窿,味道像咱东北的实心儿馒头,筋道,有面味儿。

星期天的早上,我们就去了这家名为"RUSS & DAUGHTERS"的店。早上9点多,大多数纽约人都还在睡懒觉,可是这家小小的店铺里面已经熙熙攘攘。勤劳的犹太人已经在工作,更加勤劳的吃客们已经忍不住口水,有的开车从大老远的"上城"(Up East Side)而来。我们买好了贝果加腌三文鱼,外加酸黄瓜和酸西红柿,还有一整条烟熏鱼和两杯咖啡。我们坐在门口的木质长椅上开吃,快吃完的时候,一位导游老太太率领着一群美国外州的游客驻步在这家店门外与我们坐着的长椅相对。导游对我们略表歉意,开始大声地讲述这家店的历史。无需听她的介绍,我们翩然起身,嘴角还都挂着腥味儿,像两条会行走的猫一般,满意地离开。

说回我的画室,当我开始真正有了职业画家的意识的时候,作为艺术家的"挣扎"也随之而来。这种"挣扎"里面有自大和自卑,有很多的期待和喜悦,有恐惧和不安,还有一些快乐和体力上的辛苦。我开始准备和期待我的个人画展,忽然我原来玩耍般的自在荡然无存。我很兴奋,有使不完的力气,但是我却好像是在向空中挥舞着拳头,不知道自己的着落点在哪里。我开始怀疑,我寻找,我翻看那些大师的作品的画册,我更加不确定。这个世界上还需要多一个艺术家吗?自己在画室里的作为能给这个社会带来什么?自己的作品有什么社会价值?

有一天,我离开画室,在太阳下行走,寻找答案。走到那家绘画用品店,我几乎每个星期都会去三到四回。我订制最好的画布和画框,用最好的油画材料,还用一些以前没有用过的材料做试验,我终于平静下来。一位在美国的中国艺术家约我出去喝一杯，我说我愿意一个人呆着。我告诉他最近我很不自在。他说，你过去做音乐也是创作，音乐和绘画有相同的地方，相信你的"挣扎"期不会太长，你会很快找到方向。

果然，渐渐地我找到了自己的艺术语言，这很重要，这几乎就是一切。那天中午，我和画室另外几个在这里工作的朋友一起吃午饭，我告诉他们自己现在很确定作品该如何表达了，很开心，可是我的生活又不开心了。Hiroki San，一位在纽约的日本人，他对我说："艾敬，我认为你很快乐！比我快乐。"他拉开我画室的窗帘，指着外面马路上的人对我说："你认为外面正在行走的人里面，哪一个人是快乐的？告诉我。"我傻眼了，指着一位怀孕的妇女，说她是快乐的。Hiroki 说，可能，但是也许她在为钱而发愁。我又继续用眼睛搜索外面街道上行走的其他人，我在寻找快乐的人。我忽然搂着 Hiroki 的脖子，对他说："谢谢！"

8 戒不了的色

2007.10.12

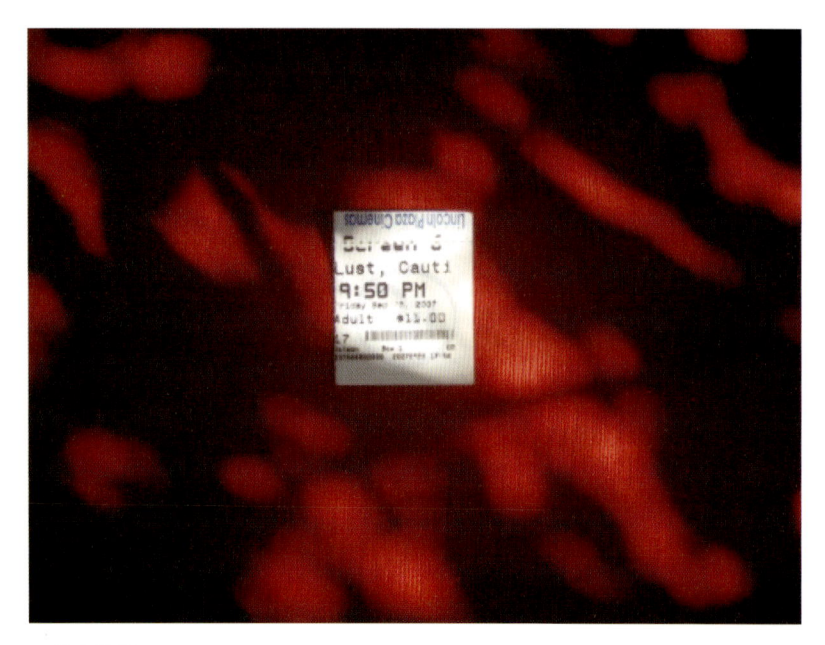

一张电影票

戒不了的色

看了《色戒》，在纽约这部戏公映的当天，在林肯戏院。这是纽约中城一家专门放映艺术类电影的戏院。我们随着排队入场的人流缓缓进入。这天的观众大都是华人，放映厅小而优雅，银幕也不大，一段广告片之后，电影终于开始。

怀着对李安的崇拜和喜爱，在电影前半部分的大段对人物所处时代背景的平铺直叙中，我不觉冗长，耐心地在寂静和黑暗中期待着那一份感动。然而，最终我失望地走出电影院，这一次李安没有让我流泪，也没有让我的情感得到畅快抒发，有的只是一种阴沉沉的压抑之感。

梁朝伟和汤唯的表演精彩之极，他们的三段床戏也非常震撼，尤其在第二场床戏的背景音乐的配合下，使得他们在性爱高潮中有一种悲凉之感，传达出两个人物复杂、痛苦和卑微的内心。第一次开始喜欢梁朝伟，因为李安导演把梁朝伟变成真正的演员。尽管梁朝伟一直非常帅和有型，但他从来没有打动过我。在我看来，在他以往优秀的表演中，我始终觉得他的表演总是有"明星"味道，或者是"港星"的味道。这一次，李安让梁朝伟成为真正的演员。《色戒》中的梁朝伟，仿佛让我感受到易先生这个人物，在那样的历史时期里，一个卖国求存的人，他的恐惧和狠毒，他的贪念和他隐藏的一点多情。梁朝伟的表演好像是易先生附体。当然我也承认梁朝伟的背部在镜头和灯光下很有魅力，那是异性身体上的美感带来的吸引力。

汤唯无可置疑是让人爱怜和敬佩的，无论戏里戏外，汤唯都能按照李安的导演和指引，配合得美轮美奂。在《色戒》剧组全世界的巡回宣传首映礼中，汤唯都能适度地展现她的魅力——温顺外表下的坚韧和智慧的东方女性之美。我相信有很多男性观众会喜欢上她，不仅仅因为她展露了她的才艺和曼妙的身体，也因为女性对男性而言的那种与生俱来的神秘莫测感，色诱和暗杀会带出更多女性的性魅力。我没有看过原著《色戒》，从别人的描述中知道，在原著中的最后，易先生有一段内心独白，意思是：王桂芝死了，她是爱我的，她生是我的人，死是我的鬼。虽然可见易先生还在回味其中，但这也透露出他真正残忍的一面。

《色戒》这样一部以抗战期间的上海和香港为时代背景的电影，如果没有了"色"的部分，会是一部很一般的电影。然而，《色戒》的关键是"不色"。尽管影片中的床戏可以说是华语电影中的经典，恐怕短期内无人能及。导演挣脱了压抑已久的束缚，放开去创作人性中不可回避的现实和对情感细腻的挖掘，几场性爱戏，犹如惊心动魄的搏斗，两个人物彼此都要通过性来征服对方。但是，我个人的感受是，《色戒》不"色"。它以"色"为亮点，成为李安导演在华语地区最卖钱的电影，这是部值得花钱去电影院欣赏的电影，但是绝对不是李安导演到目前为止最好的电影。

《色戒》和我以往看过的李安的电影都不一样，没有像《断臂山》那样让我在电影画面的大自然中能呼吸到爱情，也没有像当初《喜宴》独特的题材那样让我惊叹，没有《卧虎藏龙》中的写意武打给东方文化平添的那份遐想，也没有《理智与情感》的优雅和内敛，甚至《绿巨人》的台词也会惹得我流泪。然而《色戒》带给我的是电影中营造的那种气氛和情绪，在我看过这部电影后的许多天里都不能散去，那不是愉快的，虽然那里也有些许的欢愉，但那是把情欲和生死联系在一起的悲壮、害怕和诱惑，还有在那样的历史环境下的随波逐流、无奈和天真。

电影给每一位观众带来的感受都会是不同的，那是因为观众本身会把自己的人生经历和感觉神经融入在电影里，那时候他们会在电影中找到自己的角色。

《色戒》优美的画面、惊险的暗杀、高难度的性爱场面，表达着一个简单的主题，无论时代的巨变，或战争或灾难，或者为了生存而出卖自己的灵魂，或者不同的信仰等等，色是戒不了的，我们的下半身或许会主宰我们的命运。

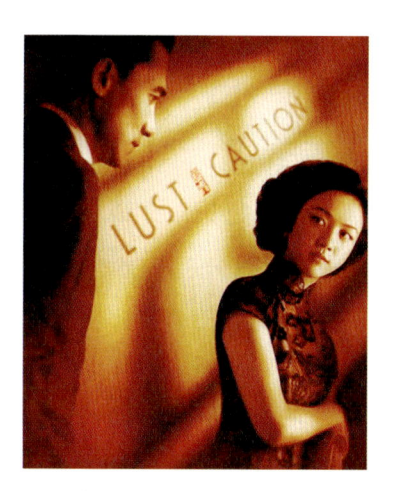

《色戒》电影海报

9 天天过年，
老艾头儿
和中国当代艺术

———

2007.11.5

艾荻拍摄与父亲的剪影

天天过年，老艾头儿和中国当代艺术

10月初，我从纽约回到北京，和父母在一起，天天过年。每天早晨，爸妈起床溜狗，他们在附近的小店吃早点，然后买我的早餐面包，之后再买菜。下午开始张罗晚上吃什么。他们包饺子，炖排骨和豆角土豆，猪骨头炖白菜豆腐，大酱炒鸡蛋配小米粥。那种东北炖菜的香味是我童年的记忆。我和老爸一起去买了很多电影DVD回来，吃过晚饭后，我让老爸播放电影，我感觉自己天天在过年。不知不觉，一个月过去了。和家人在一起很幸福温暖，可是"幸福"不是生活里的常态，如果生活里没有压力和酸痛的感觉，你会无法体会自己的生存价值，这就是都市人的"苦命"的价值观，每个人还喜滋滋地问对方：忙吗？忙好哇！

回来了，又想走。我想念在纽约的画室——那里是我的土地，我渴望回到那里去劳作，那种体力的辛劳是一种惩罚和恩赐。

11月初的一天上午，我和"老艾头儿"——我老爸一起去加油站加油和洗车，之后我让老爸陪我去看正在今日美术馆举办的"能量——精神、身体、物质"2007年首届今日文献展，策展人黄笃。

我们每人花费10元钱买门票，走进这个展览的大厅。我们看到几位艺术家的作品，如岳敏君的《围城》、陈文波的《未遂的写作》，以及曾浩的作品。展厅里的另一件很震撼的作品是艺术家朱金石的巨型"乒乓球拍"装置作品，球拍上点缀有无数只闪亮灯泡，在今日美术馆高挑大厅里，也只有这样的创意才能撑得起这样的空间。我们连续走了三层，每层都有很特别的艺术展品。本来我是让老爸陪我来看这些艺术作品，为我拍些纪念照片的，可是我意外地发现，这些艺术作品在老爸面前有着意想不到的效果。老爸自然的状态，在充满着新奇创意的作品面前显得非常坦然。正所谓："生活高于艺术，而艺术又来源于生活。"在一个有关环保的装置艺术前面，是一块被切割的草皮，上面随意丢弃着生活垃圾。我让老爸关注这块草皮，带着疑问的表情。老爸或者认真，或者按照我的要求而摆出一个姿势和角度，他的形体姿态自然诙谐。无论是那些当代美术界的大师之作，或是年轻艺术家的标新立异、荒诞离奇的作品，即便是记录现实生活里伤感和残酷的一面，在老爸眼里仿佛都是平常事物，也显得很有喜剧感，好像那些作品在和我们开玩笑。我们一边欣赏作品，我一边被老爸对作品的看法逗得哈哈大笑。

在雕塑作品《粉红色避孕套》的面前，老爸没有尴尬，他看着"避孕套"上有好多个小人儿在往上爬，诙谐地说："哎呀，都是小子（男孩儿）。"我被老爸的细心逗笑了。我们这些看惯了艺术作品的人，反而想得过多和复杂而忽略了细节。在展厅里，有一个作品让人们可以从艺术家拍摄的无数有关城市的空镜头图片中挑选你喜欢的图片带走，老爸很认真地挑选，口中还念念有词。他知道我正在拍他看作品的样子，老爸的出境相当自然，"演技"以及肢体语言的协调性就像一个"影帝"。

走出今日美术馆，来到美术馆门外展出的另外一组雕塑面前，老爸开心地点燃一支香烟。我让老爸对着岳敏君的雕塑作品做出同样的笑，老爸趋身向前，和那几件开怀大笑的作品一起笑。那种笑居然与作品相映成辉，好像是城市里的一个风景。老爸的笑不是装出来的，可见，老岳的作品里人物夸张的表情，是对于当今人物的内心捕捉，中国人能够笑到这个份上。

能量、精神、身体和物质是组成我们生活的元素，缺少了任何一部分，我们的生活都会不完整、不快乐。如果想要"天天过年"更是缺少不了这几个元素的组合。我爸，老艾头儿，60多岁，在历经生活的风浪变换中，能和家人团聚在一起，天天过年，是一份福气，更是孩子们的福气。艺术家和策展人，是否也想唤起对于生活质量的讨论？

我和老爸在回家的路上看到几辆运送水果的马车、赶车的农民和他们坐在车后的媳妇。那是一幅活生生的作品，更是能量、精神、身体和物质的再现。

艾敏父亲在北京今日美术馆门外与岳敏君雕塑作品对视

10 我的两个半星期
和
蔡国强的信仰

——

2008.3.3

> 你我本是陌生人，在人群中相遇，一起品尝生活的酸甜苦辣，I want to believe, we are much more than that.
>
> ——艾敬

我的两个半星期和蔡国强的信仰

我回到纽约两个半星期，这似乎有点像一部电影的名字——《两个半星期》。按照好莱坞的故事走向，这些天里完全可以发生一些"惊险刺激"的浪漫故事，是一部可能会卖座的电影。然而这里是纽约，是我的生活，这里有浪漫的空间，需要浪漫的条件。故事的主人公虽然可以控制某些情节，但是无法设定结局。这两个半星期是我们无数个两个半星期里的两个半星期。一如既往，在他繁忙的工作和浪漫之间平衡，时间非常宝贵，要消费到心甘情愿的事情上。周末的Brunch，去吃我最喜欢的French Toast、Pancake等。简单而传统的食物，不是很奢侈的。可是为了这浓缩的两个半星期，要跨越大半个地球来到这里。我想起来《红玫瑰，白玫瑰》里红玫瑰说的话，她说在忙碌的男人中抢时间有一种快感。而我既不是白玫瑰也不是红玫瑰。

这次，纽约的美食、碧蓝的天空都留不住我，我决心回国内创作一些作品。我对他说："Between you and me , there is nothing but art."

两个半星期里，我们举办了两个Party，其实我什么也没做，全都是别人在辛苦地张罗，我穿上新买的衣服和高跟鞋在Party里迎来送往。我争分夺秒地上了几节瑜伽课，去超市买菜，做了我拿手的红烧鱼、蒜茸虾，看他虎头猫相地"舔食"着我烧的鱼，我还怀疑那条鱼是不是我做的。两个半星期里我煲了四次鸡汤，我们去了MOMA，看了一个最重要的画廊Adda Art Show艺术博览会，那里几乎全是西方当代艺术作品。那些在美术馆里看到的名字，在这个画廊博览会里都会看到，作品的尺幅不是很大，却也真切震撼。

2008年2月22日，我离开纽约的前几天，在纽约古根汉（古根海姆）美术馆，中国艺术家蔡国强的个人回顾展——"I Want to Believe"隆重开幕，这在纽约是一件极为不寻常的展览。蔡国强也是第一位在古根汉美术馆办展览的中国艺术家。《纽约时报》等新闻媒体给予蔡国强展览很高的评价，电视新闻也滚动播出蔡国强的展览消息。古根汉美术馆作为一个公共美术馆，是一个对公众开放的艺术空间，在全世界享有极高的声誉，他们选择的几乎都是世界国宝级的艺术家和作品，甚至做的一些回顾展览，艺术家已经不在世。他们的策展方式和选题往往都能引起轰动和公众的关注。

顺着古根汉美术馆螺丝型的旋转展厅缓缓而行，蔡国强的《草船借箭》被放置在二楼的一个空间。我第一次看到这个作品是在1998年的纽约，MOMA在皇后区临时展馆中。继续往前走，他的一幅长幅爆炸艺术作品，其图像似一条活灵活现的巨龙盘在一个屏风形状的宣纸上，连绵起伏又好似中国的长城，暗含着中国千年文化的底气韵味。又继续往前走，一群奔赴前进的狼群在一面终极的玻璃面前倒毙，一群群东北虎被乱箭刺身，观者可以在狼群中穿行而过，当然不能触摸。行走于狼群之间，那是一种紧张快乐的感觉。这些作品里有很深的伤痕意味，同时又很戏剧化。美国大众很喜欢他的汽车爆炸作品，是一串吊悬在古根汉美术馆大厅里，从天花板悬吊而下的一个个在"空中燃爆"的汽车。随着用霓虹灯制作而成的爆炸闪亮效果，从一个个汽车中向外喷发这种光亮。这是具有现实意义的作品，容易解读，很好玩很视觉！整个展览布局缜密，有张有弛。很少有艺术家能够在展览中控制观者的情绪，而蔡国强就是那个人。

机场话别，又是一出不舍的片断，这样的画面重复了很多年。I Want

to Believe！我们有时候会怀疑自己是否需要信仰，因为代价太大，需要牺牲和奉献。在蔡国强的信仰中我看到现实的残酷，智慧和游戏，力量在背后，始终如一，乐观，亦幻亦真。我们的信仰如同行走于狼群中间，领悟生命的本质，也就不再害怕。

你我本是陌生人，在人群中相遇，一起品尝生活的酸甜苦辣。"I want to believe, we are much more than that."

2008年蔡国强"I Want to Believe"纽约古根海姆美术馆个展

11 其实，我很爱

———

2008.8.20

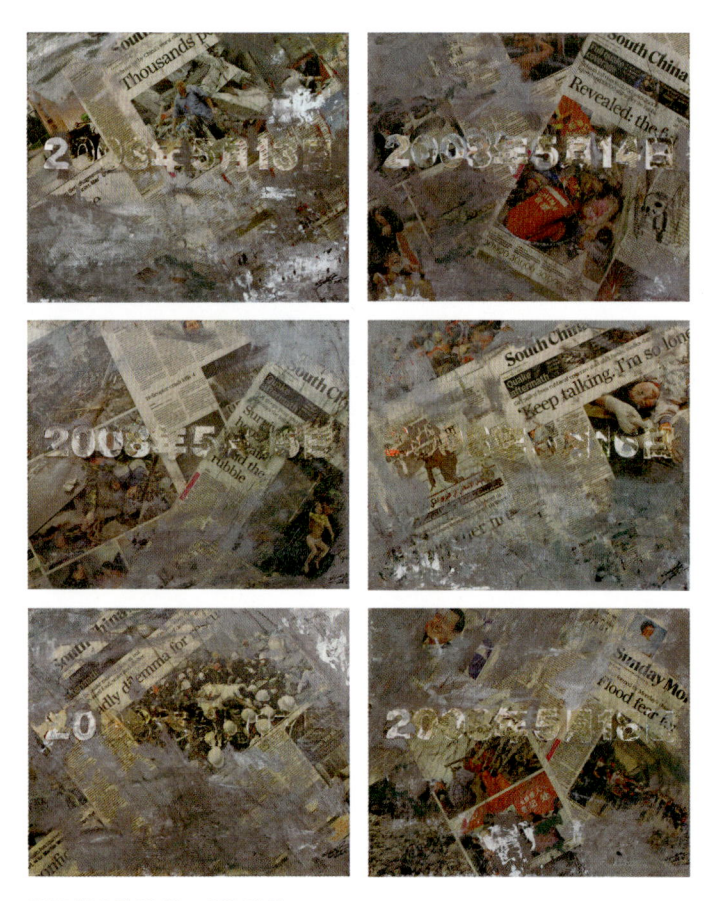

2008 年 5 月 13 日— 5 月 18 日
布面丙烯以及综合材料
Acrylic on Canvas and Mix Media
45cm × 55cm
2008

其实，我很爱

奥运会开幕的前一周，北京有着令人窒息的平静，街道上行人少了，天空可视度增加了，第一次在夜晚可以望到很远处的建筑，奇妙，北京变得漂亮。这很像是春节前的北京，人潮退去，平和舒展，但是又有不同。奥运前的北京，大家都在屏住呼吸，等待着情感的宣泄和爆发，那会是什么样的画面？无法想象，总之，那一刻是中国人期待已久的，让全世界瞩目的时刻。然而，在那一刻到来之前，我忽然决定去东京。我订好了机位，与朋友聚餐，之后独自走回家，享受着即将离开北京的不舍。我甚至不太确定自己的决定是否明智，只是潜意识里，我决定远距离观看这个盛况。我踏上了去东京的旅途。

下了飞机，我见到了接机的妹妹和妹夫，他们看上去很精神，妹妹笑嘻嘻地问我："姐，你真怪，别人都赶着去北京，你却来东京。"听她这么一说我忽然有一点儿伤感，牵强地干笑两声，没有回答。我想说，其实，我很爱，可是我很边缘，所以我漂泊……

我们一行三人，直接从东京的机场开车去往千叶县，去我妹妹位于海边的公寓住了几天。我们在室外泡温泉，看到一只喜鹊飞上枝头睡觉，吃生鱼片和烤鱼，夜晚在岩石上看大海……

已经五年没有去过东京了，这里多了两处很让人赏心悦目的去处：新国立美术馆和森美大厦。它们位于赤坂和六本木之间。森美是非常现代化的多功能大厦，有餐厅、电影院、服装店、面包店和咖啡厅。那里的厕所非常高雅、干净和整洁，座便有可以清洗和烘干等舒适的功能，还有专门为妇女和婴儿准备的独立洗手间，有 4—5 平米大小，里面有给婴儿躺下来换尿布的折叠床，有给婴幼儿固定的安全座位，一切都为让母亲们安然如厕，你会感觉到在这样的环境下做女人挺好的，谁说东京没有关爱？

森美大厦里面还有一个美术馆，正在展出法国艺术家 Annette Messager 的个人大型回顾展　——"The Messengers"。艺术家已经 60 多岁，小时候曾经随建筑师父亲客居日本。据介绍，在她决定做艺术的那个年代，作为女性艺术家是很不容易的。我很难具体去描述这个展览，因为"使者"Annette 在每个展厅里不同时期的作品都传达了很多的讯息，她的"鸟类"作品和"玩具动物的残肢悬挂"都能和平地传达出艺术家对生命和自由的尊重和思考。她为一只只小鸟的尸体编制了毛衣或者毛围巾，把它们好好包裹，像母亲对待婴儿。她把动物玩具"肢解"后的残肢悬挂在墙上，没有血腥地控诉着。她把一些死去的不同年龄的女性衣服放置在一具具大小不同的棺木里，透过棺木的玻璃盖子，在每件衣服旁边都有对衣物主人生前的简短描述，不见得全都是赞美，却是很生动地告诉你一个曾经存在的生灵，"The Message"无处不在。

森美大厦的顶楼是可以俯瞰全东京的环绕玻璃窗，我和妹妹以及她先生坐在玻璃窗前，静静地看着东京夜晚的景色：那些并不高耸的楼群有序地排列，或长条儿或四方块儿；那些建筑周围的一丛丛深绿色植物的点缀，好似日本餐中生鱼片和寿司在餐盘中的布局；路灯绵绵曲折地盘绕着这些建筑，像蛇又像绳，彼此是扯不断的捆绑与厮守。这烂漫的灯火，看似辉煌，仿佛一切在你脚下应有尽有，仿佛你可以投入到其中尽情取乐，可是，有时候我们只需要一个人的爱，一个可以陪在你身边分享这一切的人。如果我们在这个都市中是孤单一人，那么此景有何美感？我对妹妹和妹夫说:"你们要好好珍惜彼此呀!"

8月8号那一天,我们早早地回到了东京的王子酒店,买了啤酒,和妹妹以及妹夫守在电视机前,一同收看了令中国人骄傲的那一刻。中国喜气冲天,奥运开幕式营造出了中国古今文明和今天的力量。我的眼角湿润,举杯庆贺,中国人了不起,无论付出多少代价都是值得的。

月亮会渐渐地明亮,现实会越来越清晰,有朋自远方来,和为贵,变更会带来收获。

艾敬《倒记时》作品

108

1 东京 mori(森大厦)美术馆内正在举办艺术家 Annette Messager 的回顾展
2 东京国立美术馆新馆
3 东京森大厦内舒适的独立洗手间
4 东京夜景
5 妹妹的内衣
6 妹妹位于千叶县海边的度假公寓
7 东京塔
8 艺术家 Annette Messager

12 维的故事，
上海
和 迷失

——

2008.9.22

认识维是在20世纪90年代初的北京，维在她刚刚分手的男朋友家收拾行囊，始终记得她那双湿润的眼睛，忽明忽暗地发着光，透着孩子般的喜悦和女人失恋后的哀伤。

——艾敬

维的故事，上海和迷失

这是一个星期六的早晨，我独自一人走出公寓，来到街角的咖啡店，像往常一样，一杯咖啡和一个奶油面包，不同的是，我手里多了一份报纸和一本书。已经很久没有这样的读书天，这才是周末应该做的事情，即便是在北京，我也可以想象是在巴黎，更何况我是在这家叫做"巴黎"的咖啡店。

那天在客厅茶几的一角儿，在布满零乱散落的杂志和书籍当中，我看到了这本暗红色的书，书的背面上有一些文字："但那些吃饭行走或思索的事也实在不重要，重要的永远是孤独，完整自足的孤独。"这些字就那样从零乱和忙碌中跳进我的眼帘，像一面镜子，我看到了多年前的自己，于是时间顿时放慢了下来，我在猜想这是谁的书。杜拉斯？噢，不，是她——维——我认识了20多年的朋友，住在彼岸台北，以写作为生。她的猫以及她屋外喂养的那些野猫，还有她的塔罗牌是她现在的生活。维的字充满了诱惑，在现实与幻觉中间，像电影，不时地切换着画面，不停更换着男女主角，喜怒哀乐和崩溃。主人公在不同的城市和国家里，扮演不同的人物，我会愿意把这些角色想象成是一个人。就像韩国的一名女性摄影师 Nikki Lee，把自己装扮成不同的角色拍摄成摄影作品。维的书里最诱人的角色是远在他乡，在酒吧工作的亚洲女性，在酒精和性爱的边缘，如同一匹常常遇到悬崖的雌性野马，月光会见证她的一切，到底如何飞跃或堕落？其实，也许什么都没有发生。维的那本书叫做《明明不是天使》。

认识维是在20世纪90年代初的北京，维在她刚刚分手的男朋友家收拾行囊，始终记得她那双湿润的眼睛，忽明忽暗地发着光，透着孩子般的喜悦和女人失恋后的哀伤，还有一点点调皮。她把这三种情绪同时呈现。她见到我很开心，给我很多礼物：水磨的牛仔裤、睫毛膏和眼线笔。她似乎想把所有的好东西都留在北京，只带回台北与北京文艺青年失恋的故事。从此我们成为好朋友。我们在台北见过一次，那次见面更开心，结识了小西和林老师。后来我再去台北，她则去了纽约，再后来我们终于又联络上，她要我寄《艾在旅途》给她。现在我们整天可以在网络上挂着，看到彼此的作息，躲在各自的电脑前，我们都已经长大了。如今维住在台北，她的屋外是一片山，山脚下有小菜圃和土地庙，还有一条潺潺的小溪从山上下来，一路流向不远的出海口。她和她的恋爱故事充满狡黠诡异的色彩，在发生与没发生之间令人遐想。

很久没有来上海，即便来过，也不觉得。离开北京我会很不自在，所以我尽量不去感受别的城市。然而，9月的上海，温和的天气，使我忽然有移居上海的冲动，我想和他就这样牵着手，漫步在温柔的上海也很不错。上海的女孩子漂亮苗条，是见过大世面的，她们逛大商场，说英文和日文，北京的女孩是逛秀水和三里屯长大的，两者的眼界和价值观有区别。在上海，即便随意选择一个街边饭馆也不会令人失望。饭馆在上海可不像在北京那么容易生存，上海人会对自己付出的金钱要求得到公平和超值的回报，否则便会据理力争，所以你在上海经常会见到争执的人们。

这次来上海，也是为了参观几个博览会和双年展，有惊喜也有失望。这么多海内外艺术家的作品中，一位中国艺术家的雕塑作品给我极大的震撼，看到他的作品让我感到一阵阵恶心，我按住胸口，而我保证没有其他的生理原因。我本能地掉头就走，但是我又转回头，强忍住恶心想吐的感觉，迎着这些作品艰难地往前行。我对自己说，我一定要记住这种感觉，因为这太难得了。我从 1994 年就参观了法国巴黎罗浮宫里的艺术珍品，以及蓬皮杜艺术中心，之后来到大英博物馆以及后来在纽约生活，使我有机会参观各大美术馆。我是 MOMA 美术馆、大都会美术馆，以及惠特尼美术馆的会员。我看过那么多大小展览、艺术博览会、拍卖预展和街头艺术，尽管有一些不明白或者不喜欢的作品，但是从来没有像这次，居然看到某件"艺术作品"会有恶心想吐的感觉。我并不是想说这个艺术创作没有价值，它至少让我难忘，让我去猜想艺术家的创作意图。首先我猜想他的作品不是用脑子想出来的，其次我猜想他内心里或许就是这样愤怒或者委屈，以至于用作品倾泻出来。总之，从那个展览走出来，让我有些晕头转向，辨不清自己身处何地。在这片我熟悉的土地，中国艺术家的某些"艺术作品"让我彻底迷失。

真正的原因是我如此深刻感受到身处的絕境
——即便是那些私人的蟲趴如此永恆而美好，但我仍希望它們穿透，
穿透想像和耳語，穿透每個不同時空中的夢境，而找到點真實的意義或什麼。
而真正屬於我的日子彷彿是剪去了所有與人有關的片段，
徹底的，一個人，
吃飯、行走、思索、善用無聊的問題來消磨自己，
但那些吃飯行走或思索的事也實在不重要，
重要的永遠是孤獨，完整自足的孤獨。

维的书《明明不是天使》封面/封底

2008年9月
艾敬在上海当代博览会上一幅喜欢的作品前留影

艾敬喜欢的上海当代博览会作品

2010 年的新年，我和妹妹以及妹夫来到了妹夫的家乡——宇都宫，这个城市从市中心开车出去 15 分钟便能看到绿油油的麦田，木制的日式传统房屋会出现在你的眼前，犹如电影《阿信》中古朴的房子，主人殷勤谦和地走出来。这样农家的房子里或许有已经驼背的长者，也可能有贪杯的长男，或者有从未干过农活的在城里读书的娇羞的第三代。在这个新年的时候，全家人围坐在榻榻米上的长桌子前面，由儿媳妇们端上一道道年夜饭，有一种人丁兴旺的感动。有我最爱吃的烤糯米饼，烤好的糯米饼配上紫菜干蘸点酱油，好吃极了。

和中国人的春节一样，新年则是日本人最为重要的节日，从各地漂泊回来团聚的"孩子们"无论多大年纪，回到了家就是孩子。在美味的家乡菜和亲朋之间，快乐被传递和感染，委屈也会涌上心头，每个人的表情既有满足和放松，也有酸楚和疼痛，在酒精的作用下，扭曲的脸洋溢着笑。

宇都宫最闻名的是饺子，有很多饺子店骄傲地扬着"饺子"字样的幡条分布在东西南北的街道上，有很多中国东北来的移民，我忽然闻到了家乡的味道。

中午的街道上静悄悄的，过年的人们大都与亲人们缠绻在家中吧？此刻，恍惚中仿佛街道的某一处，有一位我多年不见的朋友在那里等候我，是他，这么多年还在等着我。"我终于回到了家乡，带着满身的疲惫，我已经离开了太久，你是否还在原地里等我？"

如梦般的现实中，分不清哪些是现实，哪些才是梦，我从一个痛苦的梦境逃离，走入了另一个梦境。

和他的故事还没有结束，与你的生活已经开始。

词曲／演唱：艾敬
编曲／制作人：三宝
钢琴：孔宏伟
长笛：杨乐
小提琴：廉英花、杨晓宇
大提琴：胡春娇
中提琴：李月颖
录音：李小沛
制作：艾敬工作室

爱人微电影独白

每当，我坐上可以转动的交通工具，在速度当中我的思绪便开始飞转。
日本，我熟悉又陌生的地方。陌生，是一个多么好的词汇，没有陌生，
就没有熟悉，没有熟悉，就没有开始，没有开始，就没有结束。

又回到了这里，虹夕诺雅。每当我想要离开纷乱的都市，
想要找一个地方休息，我就想到这里，想到温暖的房间，
没有电视，把视线望向窗外，欣赏大自然。
然后，你就可以听到自己的心跳声。
大自然，为我们提供了与之亲密的方式，
你只需要，轻轻地，走近它。
那一条瀑布从山涧中流淌下来，缓缓地，在述说着自己的旅途。
山林中，有多少顽强的树木这样地生长着，无视烈日和严寒。
这里的树木彼此相依，彼此赛跑，在天地之间搭起一个天然的屏障，
给你氧气，供你散步和畅想。春天就要来了，春天，春天，春天……

那是2009年新年的第二天，我和妹妹、妹夫来到了妹夫的家乡——宇都宫。
一路上，我们播放着山口百惠的歌，歌声仿佛带我回到了昨天，
那个我内心渴望着单纯的幸福的年代。
推开这扇温暖的大门，迎面扑来的是醇正的咖啡香，我顿时感到兴奋。
我几乎冲到咖啡厅，坐了下来，叫了一杯咖啡，我开始写《爱人》这首歌：

我终于回到了家乡，带着满身的疲惫，
我已经离开了太久，你是否还在原地里等我……

雪人

逆文敬

导演：戚心初

出品：文敬工作室　制作：渴乐电影　策划：鲁秋工作室　赞助：河南雅和贸易有限公司

微電影 LOVE

第三章

一　当爱成为信仰，
　　艺术是主宰爱能
　　够到达的地方

1 我只是
在过着艺术家的生活

———

2008

艾敬手写买菜清单

我只是在过着艺术家的生活

在纽约的时间里我只是画画，看展览，煮饭。我第一次发现自己可以煮饭。我曾经把两个鸡蛋煮糊了。我没有很强大的生活能力，我曾经讨厌油盐酱醋的味道，认为那些味道会破坏我的想象力和灵感，把我拽入现实空间。可是当我开始画画，我同时钟情于煮饭了。画画和煮饭是两种体力活动，我认为两者没有本质上的区别，都是作品，存在的时间和形式不同。做饭必须要进行采买，我很害怕进入超市，我有选择性障碍，我看不懂花花绿绿的包装里面有什么区别，我很怕上当受骗。无论是去超市或者菜市场，我总需要花费很长的时间，在那里打转和迷失。人们总是对我的询问显得很不耐烦。我会问很幼稚的问题，我控制不了自己不去问，尽管答案显而易见。有一次我在中国城买菜，我说要一条已经死了的鱼，因为那些鱼很肥壮，我感受过一条鱼在我手里被宰杀时的奋力挣扎。售货员用广东话很大声音地向黑暗的货舱方向喊道："这位女士要一条死鱼喔！"我窘迫地逃离，我难道很怪异吗？为了不使自己被欺负，或者说被自己的被动折磨，我决定先把自己的需要列一个清单，果然，后来的日子逐渐变得轻松，我可以很潇洒地买完所需要的食材。我会花费3个钟头煮菜，每一道菜由洗净到清水煮，再到烹炒都有不同的器皿，当然最后总是有满满一大堆锅碗瓢盆塞进洗碗机。关上洗碗机那一刻我最有成就感。我会安排自己洗去一身的油烟味道，其实我的煮饭风格偏向日式风格，不是煎炒烹炸那种。我为自己感到骄傲，我很投入去做每件事，要么不做，要么做好。

在纽约的每个周末我都会去看博物馆、美术馆、拍卖预展、各种博览会、画廊、街头艺术，乃至旧货市场。纽约适合艺术家居住，那里到处充满了创作的味道，空气中飘荡着灵感。我认为自己是不是艺术家根本不重要，"我只是过着艺术家的生活"，回到国内时我经常向别人强调这一点。那段时间我的生活就是这么简单，我只是在画画、煮饭和看展览，在别人眼里看似无为，我却过得津津有味。我知道自己在收获和采集，我知道自己正在经历着生活方向的改变。

我认为一个艺术家首先要过艺术家的生活，而这种生活是不可描述的。与之相关的是需要产生相应的作品，或者什么都不做，就是生活下去。

艾敬在纽约

2 艺术家
的
行动力和坚持

——

2009

艺术家必须有行动力，不能只是把自己的想象停留在脑子里，并且对自己所做的工作要有一个坚定的信念。

——艾敬

艺术家的行动力和坚持

能够在纽约建立起做职业艺术家的信念不容易。在纽约，我看到全世界最好的艺术作品，面对这些，我感到自己的创作被激荡，然而我对自己是否应该选择做视觉艺术充满疑问，世界上既然已经有那么多伟大的艺术家，还需要一个艾敬吗？我问自己，我能够给人们带来什么不同？

我认为视觉艺术是我音乐创作的延续，更加自由，没有界定和界限，既是感性的也是理性的。同时视觉艺术又是一个手脚并用、脑力和体力相结合的工作，可以在实践过程中去发现和完善。艺术家不受年龄和外貌的限制，可以更专心地去关注自身内心的成长，只不过视觉艺术没有了音乐的旋律、节奏以及表演者的直接传达，因此更难。尽管如此，我的心已经很坚定，在纽约的画室里默默地准备着成为职业艺术家的那一天。同时在创作上我要求自己发自内心去做，不要为了展览而去做作品，但是我知道约束自己不是为了展览而去创作，尽管我期待展览，我想这也是一种艺术家与生俱来的素质。

我每周去画材店四五次，不停地问售卖画材的人怎样识别和使用那些材料。售货员几乎都是画家，他们很乐意帮助我。店员们很好奇一个自称只是玩儿的人为什么用那么好、那么专业的材料。而我学习到很多，了解到原来在国内曾用的最好的材料在这儿竟是给学生用的。我决定，我只用"大师"用的，因为我相信自己有一天可以成为"大师"，至少我要像一个"大师"。

在纽约时，我有一个女朋友是化妆师，大学专业是绘画。她很有天分，从德州来纽约发展，签约给最好的化妆师经纪公司。我们一起去看展览，一起聊画画。她重新拿起画笔画了一幅自己在浴缸里的面部肖像。可那幅画一直不干，画布和画框也很单薄。我问她用的什么绘画材料，她说买了最便宜的。我说你应该买最好的！两年以后我告诉她自己刚刚在北京今日美术馆做了个展，她惊讶地睁大了本来就很大的眼睛和嘴巴。我得意地对她说，你一定要把自己想成是最好的，然后你才能到达那里。

2005 年，第一位走入我在纽约下东城工作室的是艺术评论家 Eric.C. Shiner，也是第一位给我写评论文章的评论家，他现在是安迪沃霍美术馆馆长。

2007 年，我第一次受邀参加艺术家联展，策展人黄专老师给了我第一次机会作为艺术家与我喜欢的其他女性艺术家一起做展览。

2008 年，我的首次个人艺术展"All about Love"在北京今日美术馆举办，当时的馆长张子康老师来到我的工作室看了作品之后说："艾敬你应该早点邀请我来，我没有想到你做的艺术如此观念和当代，我给你做展览。"大约三个月后，我的展览开幕了。

2009 年 10 月，我在纽约举办个展"Ai Want to Love"，我的作品在一周之内被意大利藏家和纽约藏家购买。从 1999 年拿起画笔到 2009 年，我在当代艺术领域的学习和实践已走过了整整 11 年。

艾敬在纽约工作室

Love 1
布面丙烯
Acrylic on canvas
120cm × 120cm
2007
2007年艾敬首次以艺术家身份参展的两幅作品

Love 2
布面丙烯
Acrylic on canvas
120cm×120cm
2007

3 艺术家的语言

2011

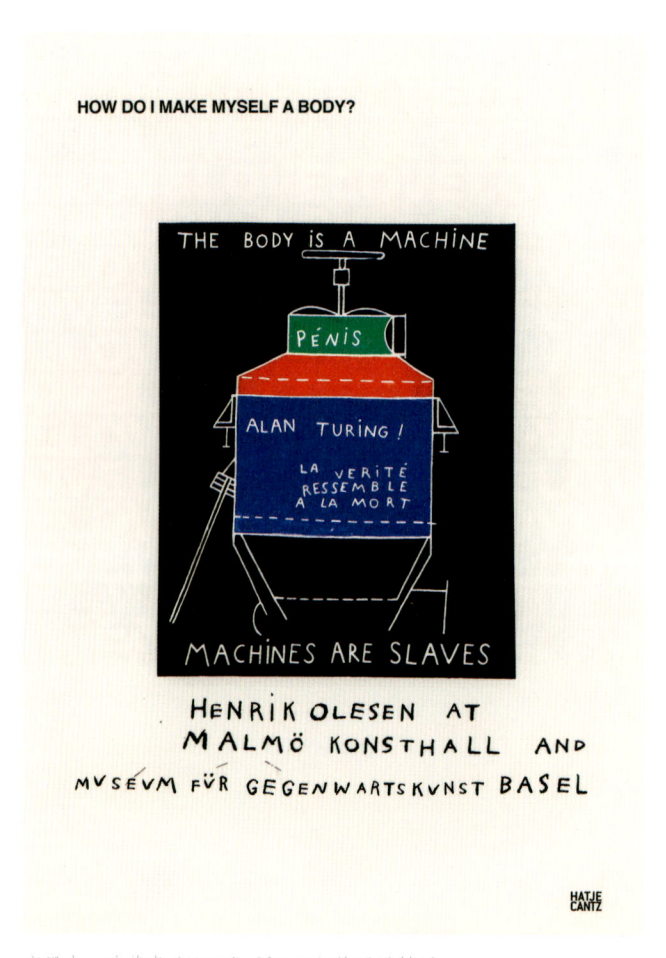

亨里克·欧莱森（Henrik Olesen）的画册封面

艺术家的语言

艺术家需要找到自己的语言，这几乎就是一切。关于艺术家要拥有自己的独特语言这一点，在我做音乐的时候就知道。在录制《我的1997》之前我翻唱过很多别人的歌曲。我从9岁学习古典的演唱技法，技法的成熟除了需要基本的条件之外，就是经年累月地刻苦与重复，在枯燥中磨炼出美好。兢兢业业可以造就技师，人类发展需要技师多过需要艺术家，技师是过日子，是基本建设。小时候在少年合唱队我是领唱，老师培养我成为独唱演员。艺术家应该具有一种独立发声的意识，所有的训练和学习都是为了找到属于自己的艺术语言，做音乐需要有辨识度，视觉艺术也是。

艺术家在地球上是少数存在，艺术家与科学家和哲学家一样都是人类的智慧启迪者、引导者。艺术家的作品需要有与公众对话的能力，有引领大众去看待事物的新角度的能力，这是艺术家的"权利"。

2011年夏天，我在瑞士一个美术馆看了一个展览："HOW DO I MAKE MYSELF A BODY？"艺术家的名字叫做亨里克·欧莱森（Henrik Olesen）。他的一个装置作品——一根竖立的棍子顶端是一个没有吃完的果酱瓶子，名字叫《Portait of My Father》，是他父亲的肖像。我认为很有意思，艺术家不是画了一个父亲的肖像，或者拍摄一个父亲的肖像，他认为用一个棍子加果酱，表示自己的父亲的肖像这很合理，也很生动，当然也很暴力、很忧伤，一般人都能领会。这个艺术家在我看来他的精神层面异于常人，这种不正常很可贵地用在了他看待事物的不同角度上，给人们提供了另一种看待事物的方式。

很多"艺术家"都会成为"殉葬者",一些灵动的生活体验和个人经历的分享,像流星一样划过宇宙,只是一瞬间便消失在宇宙之中,然而那些影响力却会一层层地累积给后来的艺术家,直到某位艺术家集大成而勃发,创作出震撼和感动世人的作品,人们便会采集他的脚印继续前进,从而生发出更多的智慧,不断地给人们的生活输送美好的想象和改变。

我在《艾在旅途》中写道:"天才大多命短,大师因为命长必须故弄玄虚。"一个人的创造力是有限的,因为体力和境遇会摧残一个人的智慧。动荡的环境产生英雄人物,太平的年景出产大师。

目前国际上有影响力的活着的艺术家都是时间的代言人,年轻人还无法企及。比如理查德·普林斯(Richard Prince)、辛迪·舍曼(Cindy Sheman)、草间弥生(Yayoi Kusama)。这些"Old Gun",摇滚圈管这些人叫做"老炮儿",大意是历经风霜、经验老道。尽管他们不是摇滚圈儿的,可是他们作品中透露出摇滚精神,从行为到作品都散发着时代烙印,感觉他们的记忆随便拿出来都可以发展成作品,可以令大众产生共鸣,因为还活着的有收藏艺术品能力的也都是些"老炮儿"。

20世纪90年代,国内的情形是摇滚乐和民谣音乐比当代艺术更有冲击力,或者说当时的原创音乐在表达作品的思想层面是先驱者。随着市场化的到来,音乐逐渐没有了话语权,在大众的需求中独善其身的唯有崔健,其他人要么引退,要么妥协,要么蛰伏,要么变异。

无论是音乐或者当代艺术都需要有自己的风格和语言,这个形成的过程需要有天分,更多的是不断学习、储备知识,以及善于分析和整理。当你遇到一个适合的主题,可以把过往的积累转化成一个自己的语言。

父亲肖像
Portait of My Father
亨里克·欧莱森
Henrik Olesen

4 符号

—

2010

艾敬 2008 年首次个展"ALL ABOUT LOVE"在北京今日美术馆举办

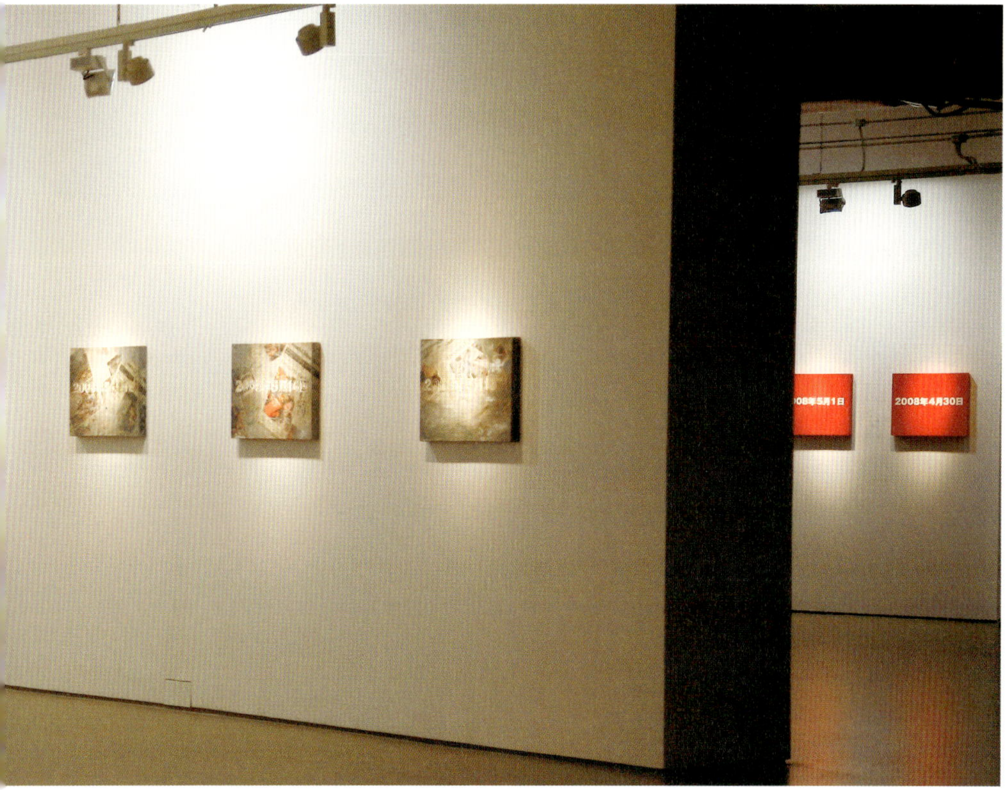
008年5月1日
2008年4月30日

符号

我的系列作品中"LOVE"是一个重要创作主题，一般人会从感性或女性的层面去解读。实际上这个字对我而言是一个符号，是理性的选择，我是要借用它去挖掘和展开这个符号所包含的各种深层意义，从而传达出我看待事物的角度和感受。

我的首次个展"All about Love"，主要作品是倒计时一百天的"日历牌"。中国人喜欢倒数一个吉庆的日子，我用一个老想法加上新观念的手法，每天画一个日历牌来纪录这100天，用100天的行为说明一件事。当做到2008年5月12日这一天，突如其来的灾难——汶川大地震改变了我的作品内涵，由原本一种单纯虔诚的祈祷式的重复行为，平添了一些无法回避的沉重。展览的现场，我用黑褐色颜料涂了一整个墙面，只用这一个墙面来展示这一天——2008年5月12日。

展出这样的作品是需要勇气的，因为大家期待的可能是艾敬画的人物或者风景，而不是些字符。我认为既然自己决心做艺术，就应该干脆彻底，只做自己认为对的。

"日历牌"这样的表现形式有一个日本的艺术家何原温（Kawara）

也做，可之前我从未看过他的作品，否则不会有勇气做很相似的东西。他的作品在我居住于纽约期间从未在拍卖行或者画廊出现过，至少我未曾看到。只是，在了解一些他的作品创作之后，我更加明白，自己是有意识去完成这次"倒计时"创作行为，而他的创作犹如每天需要喝茶一般，是有准备地去行使禅意的行为。Kawara 的创作模式充满了禅宗的意味，就像杜尚，每一天可以是艺术，每一天又可以什么都不是，仅仅是生活本身。

另外一个做"LOVE"的艺术家罗伯特·印第安纳（Robert Indiana），以做"LOVE"闻名于世。对于"LOVE"字符的色彩拼贴和造型在他手里就像玩具，他可谓做到了极致，令人叹服。然而，每个人必须设定一个属于自己状态的语言，走自己的实践之路。我之所以还敢于启用"LOVE"为符号，是因为这个字不是任何人专属，它属于每个人。尽管大家都用同一个符号，但我们之间的表现看不出任何相关的角度，没有相同性和可比性。

我 2009 年以前的作品都应该属于小品式的，可谓是在实践中学习，有很多挥之不去的别人的影子。尽管我骄傲不服气，认为自己会比别人做得更好，然而现在看来，那时的我想要超越却没有颠覆之力！直到 2010 年我的创作才真正走入一个相对深刻的、逐步形成自己语言的阶段。

罗伯特·印第安纳（Robert Indiana）作品《love》

日本艺术家河原温（KAWARA）画册

5 宝贝，我爱你

2008

宝贝，我爱你

2008年对于每一个中国人来说是不平静的一年，是一个伴随着荣誉和痛苦的一年。我们迎来奥运举办权，汶川发生了大地震。更大的危机还在年底，泡沫到来之前人们还在幻想全球化带来的美好前景。

2008年5月20日，我从外地赶回北京参加抗震救灾义演，在飞机上看到来自地震灾区的一篇报道：一位母亲用身体保护她怀中的婴儿，为此献出了生命。她给幸存的孩子在手机上留言："宝贝，如果你还活着，记住妈妈爱你！"

《宝贝，我爱你》创作了两个多月，采用综合材料涂抹，透视出坍塌的瓦砾下面孩童的玩具……传递的是一个多角度的、多身份的爱的讯息，悲剧被覆盖在爱的字符下面，罹难的人们为我们积淀了爱的厚度。

我把香港《南华早报》以及北京《新京报》头版新闻图片粘贴在画布上，拼贴出一个画面，用黑色、白色、生赭，以及墨绿丙烯材料调配出接近水泥的颜色，用双手涂抹在这些图片上面，用砂纸打磨画面，这个时候我惊讶地发现自己无意之中制作了一个从天空中航拍的断壁残垣的画面，虽然视觉效果出奇地好，但我认为这样的表达过于直白和直接。我考虑了一段时间，决定用"LOVE"字符一遍又一遍地覆盖画面，凸起来的"LOVE"像是墙壁的涂料一样坚硬而又脆弱，好似要封存那些痛苦。最后那行字"宝贝我爱你"采用油画材料，我选了深红色，凝重炙热，稠密如血液。

《宝贝，我爱你》这幅作品对于那些即便是忘记了或者不知道那段历史的人来说也没有什么，爱和生命必将继续燃烧，只要活下去，我们需要爱。

艺术家的作品不仅仅为当下而作，从苦难中提炼和升华，它应该也属于未来，应该让作品散发出不同的角度和层次，跨越时间的长河，苦痛或许可以生发出多样的生命形态和美丽。

宝贝，我爱你
布面丙烯
Acrylic on canvas
180cm × 210cm
2008

宝贝我爱你......

6 SOUND OF NEW YORK

———

2009

Sound of New York
装置
"THE DROP- Urban Art Infill",艺术基金 2012+,纽约崔喜 25 街 511 号,纽约,美国
Installation
Recording sounds with picture from 10 different places of New York
2009

149

SOUND OF NEW YORK

　　2009 年的夏天。那一年的夏天纽约是那么炎热，以至于 NY1 电视台的早间新闻主持人会把生鸡蛋摊到路面上告诉大家纽约是多么令人煎熬。在暴晒的午后太阳底下行走，外界的声音于我似乎格外夸张。躺在纽约中央公园的草地上，我感到自己的耳膜像是一片轻薄的、泛黄的树叶，发出丝丝脆弱单薄的声响。周围耸立的大厦坚固而真实，好像一个个变形金刚围绕着中央公园，注视和剖析着这里犹如躺在手术台上的人们。我仿佛在体验着一个梦境，想要醒来又害怕醒来。这时，我接到了一份邀请，希望我为纽约一个艺术基金 2012+ 筹办的展览提交创作文案。

　　我在文字中描述了自己的创作意图："我的作品名称叫做《Sound of New York》，我将要去纽约最高的地方和最低的地方采录声音，我将采录纽约最痛苦和最快乐的声音……"在组委会审批这个作品的过程中，我请了一个助理，几天时间内完成了该作品的声音采录和图片拍摄。一个月后我接到了被邀请参展的通知。同年 10 月初的一天，我的声音作品《Sound of New York》参加了这个名为"The Drop – Urban Art Infill"的展览，与来自全世界不同国家的几十位艺术家，包括小野洋子和坂本龙一一起参加了这个展览。

　　我认为这个作品属于小品样式的，是由一个命题邀请而展开的创作。作品的灵动之处在于对纽约 10 个地方的声音采集。这样一个行为或许会给都市里匆忙的人们一些提示，放慢脚步倾听这个城市的声音，包括倾听自己内心发出的声音。当我在世贸双子塔工地上采录声音的时候，地盘工人正在用机器钻着地下水泥地面，那个刺耳的40多分钟的声音采录是令人心碎想要逃离的。在午夜地铁车厢里，回家的人们疲惫孤独，他们警惕的眼神和没有精神的弓着腰的身体在空旷的车厢里摇摆，我采录到那份空寂。在哈林区，从我最初是战战兢兢，到逐步感受到自己如同到了南非一般，在充满阳光的和谐的街道上行走，地上满是色彩鲜艳的涂鸦，马路上传来阵阵鲍勃·马利（Bob Marley）的音乐，我采录到一片祥和的声音。时代广场的夜晚，那里让人感觉仿佛迈入一个电视机的内壳，到处是电子屏幕和霓虹灯广告牌在闪烁，硕大的美女俊男的图像围绕着你，他们光亮的肌肤、嘴唇的褶皱和眼睫毛的明暗都清晰可见。在时代广场上仿佛时间凝固了。因此我说："There is no time in time square."

7 黑与白

2011

I Love in Black
布面丙烯
Acrylic on canvas
300cm × 300cm
2011

I Love in White
布面丙烯
Acrylic on canvas
300cm × 300cm
2011

黑与白

    2009 年的秋天，我从纽约回到北京，从后现代城面对居民区的工作室搬到偏远的环铁艺术区一排排仓库式的建筑群里。我仿佛又回到了艳粉街，回到了"蓝领"状态："working class"。"艺术"在梵文里面是工作的意思。或许环境转变也会带来创作上的专注。或许也是时候成长了，我更加关注自己的精神层面，现实和梦境的转换，若即若离，拿起又放下的轮回，我变得轻盈和单纯，我必须这样，这是本能的自我保护。在那样的状态中，我只看见两个颜色：黑和白。

    我喜欢黑色和白色，一直都喜欢。黑白像是两股力量、两个世界，又像是《创世记》中的两个手指尖儿那样渴望碰触。黑和白也是独立的两个不可侵犯的个体，它们各自反思独处，它们可谓无边无际。黑色和白色的体验可以是从清晰到茫然，从黑天到白天，观者由此体会天地合一的属性。黑和白的肃穆把人们带入一个平静的观想状态，进入禅修的境界。

    我有两幅黑白"LOVE"系列，3 米乘 3 米的作品，由工整的字符排列透射出冷漠的工业感，通过颜色不断堆积和重复，体现出黑和白各自的尊贵。作品近看呈现出的凹凸感，远看似无，好像人生，也是一个从有到无的过程。

    日本有一个叫做清井泽的小镇，我很喜欢躲到那里去度假，在一个叫做虹夕诺雅的别墅群落里有个洗温泉的地儿，里面有两个区域：黑和白。

从白色区域走入黑色区域有一个狭窄通道，温泉水是连接着的。走入黑色难免有些恐惧，但黑不全是黑，四周呈现不同层次的黑色，让人会在黑暗中逐渐安静下来。当从黑色走回白色，则又是那么愉悦和幸福，因为白色也不全部是白，那里有金色和光折射出的层次。

　　黑和白在中华文化传统经典中常常出现，是东方美学的象征。

8 棋子

棋子
Pieces
装置 黑白棋子各30个 紫铜 烤漆
Installation Each 30 pieces in black and white Copper/Stoving vainish
90cm×90cm×33cm
2010

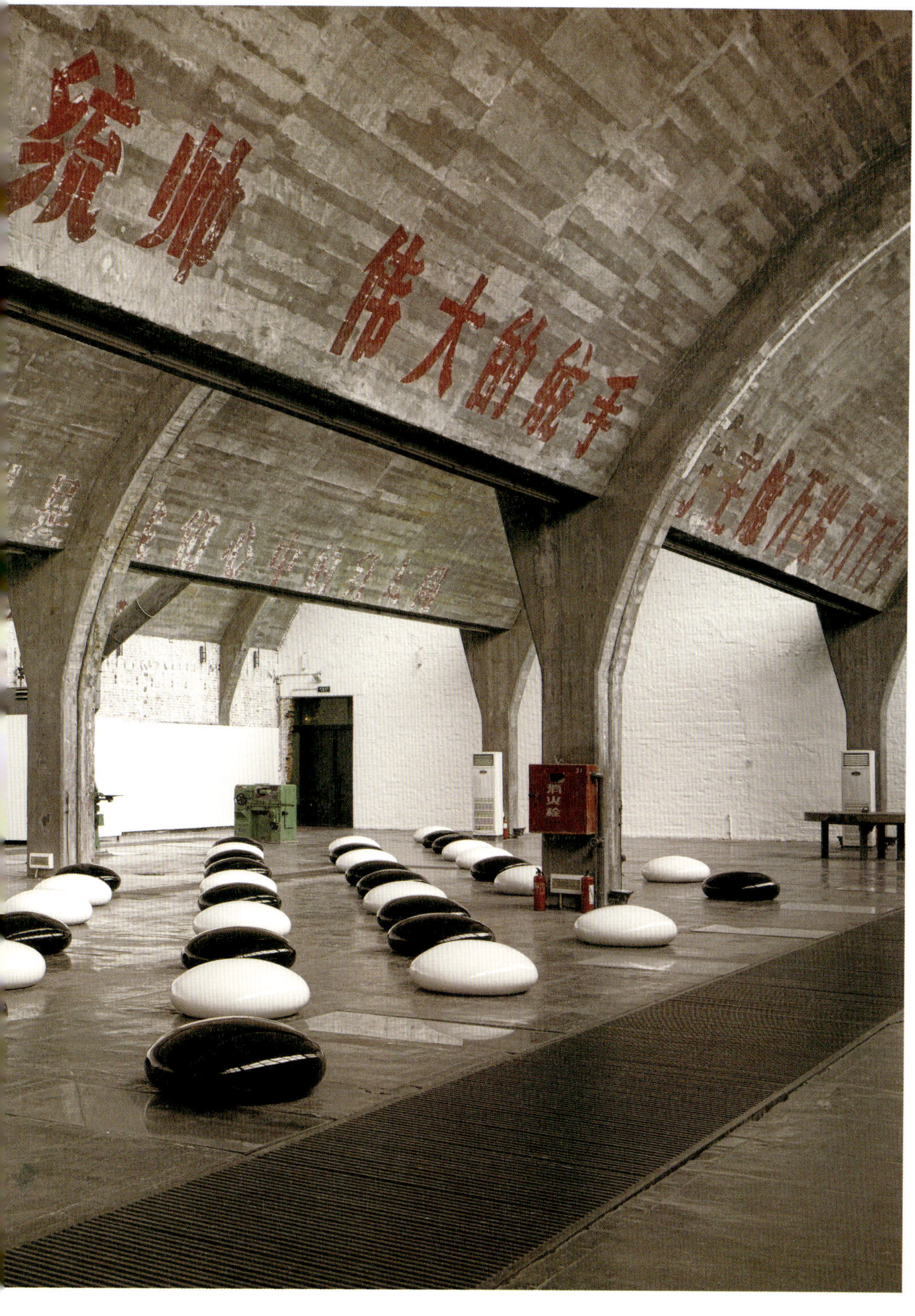
伟大的舵手
消火栓

棋子

2010年秋天开始创作，我的朋友张肇达老师邀请我参加一个有关中国茶道精神的展览"无尽缘起"。参加该展览时，我做了两个黑白棋子，在持续一年多的时间里，完成制作了总共64个黑白棋子。棋子的材质是紫铜，手工锻制，外表烤漆，直径90厘米，高33厘米，造型灵感来自于围棋。

那段时间里，我的个人生活重心发生了重大的转变，我从纽约搬回北京但又想回去，在举棋不定中徘徊着。我开始喝茶，结交有佛缘的朋友。我拜访了很多的寺庙，包括日本京都的大部分寺庙，中国的五台山、九华山、灵隐寺等。在参拜寺庙的途中，逐步感悟佛教精神，归还过去的骄傲和无知，寻找内心的支撑点。

作为当代青年，我从音乐转到视觉艺术的创作，一直在热闹和孤独中转换、追赶，在静谧的海洋和飞沙走石般的漩涡中来回。

《棋子》是与都市取得平衡的产物，是可以让我静下来的作品，使我感受到自己内心的柔韧。我借用了传统的东方神韵，在金属的工业感和现代感的外表下，期望可以给心灵带来一丝空灵，创造冷静的精神空间，营造出禅的意境和清凉。

有关《棋子》的创作还有另一个经历。我在制作这些"棋子"的同时搜集了近六十年来影响世界的领袖人物的资料，有政治家和宗教人士，我考虑到他们在特定历史时期中的关系和交集，以"棋子"的布局展示他们之间的博弈与合作。我在网络上搜索到这些人的肖像照片，选择后进行翻拍和修图。中国外交学院派出一位院长助理以及两名博士生为我提供了有关这些人物资料和宝贵的意见，我最终选择了60位人物，准备把他们的肖像印刷在"棋子"上。我先后聘请了两个丝网版画印制团队为我设计和制作在黑白棋子上印制这些肖像的各种技术实施的可能性，先后尝试印制了10多个带有这些人物肖像的"棋子"，但一次次的试验都达不到我的要求。到最后只有一个令我满意——那是印有萨达姆在被俘后第一次出现在法庭上的一张怒视着外界的图片，而本来与之对应的应该是印美国前总统小布什流泪的图片。在历经了两年多的制作时间里，世界局势瞬息万变，其中一些人物的突然离场使我改变了对这些人物的兴趣。

我派人把10个印刷了人物肖像的"棋子"拉到宋庄的一个烤漆工厂，重新进行打磨刨光，并再次喷漆，得到的新生"棋子"像是什么也没有经历过一样，一个个崭新光亮。

《棋子》制作过程

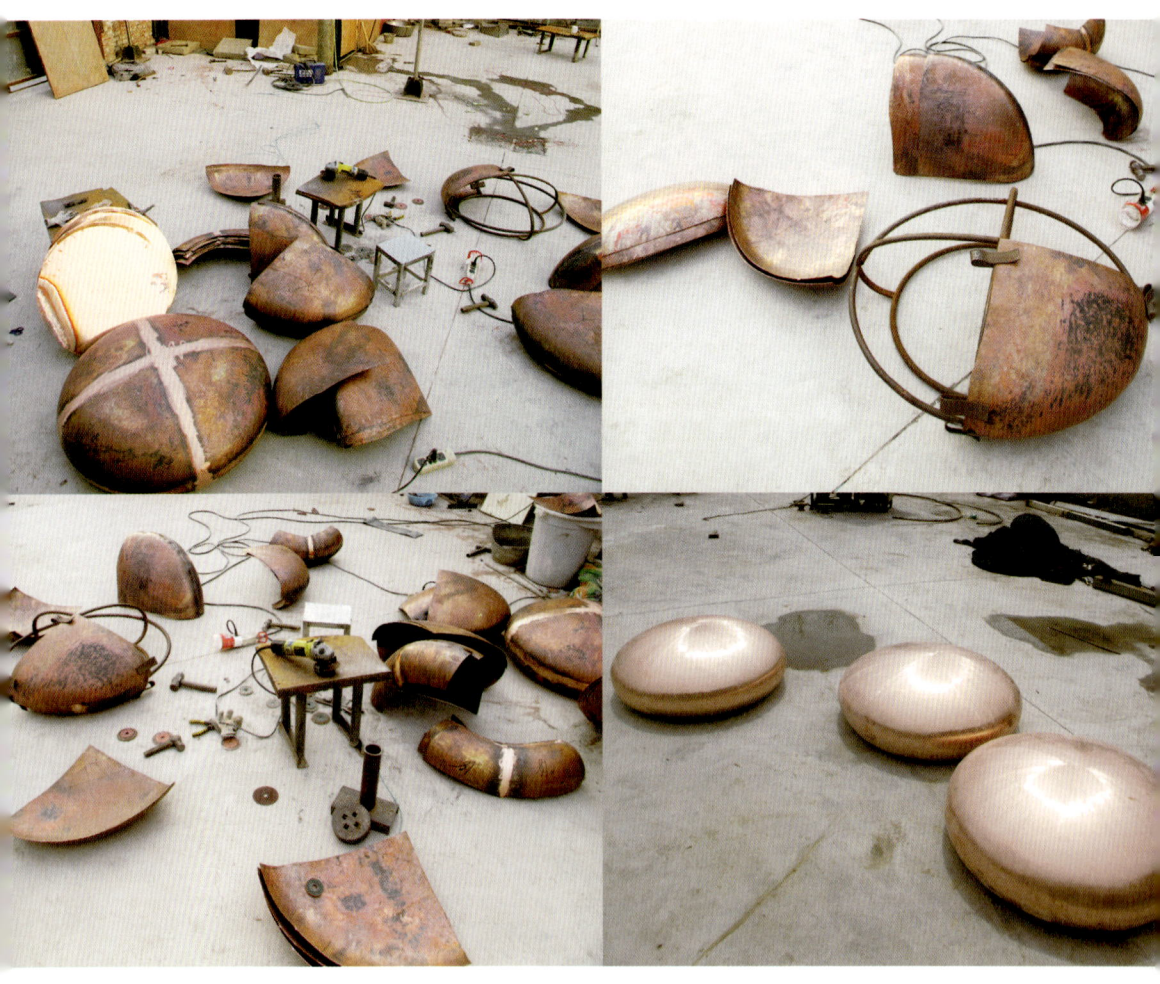

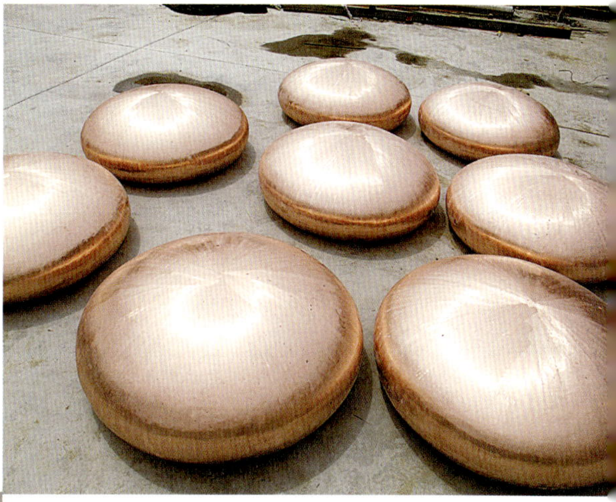

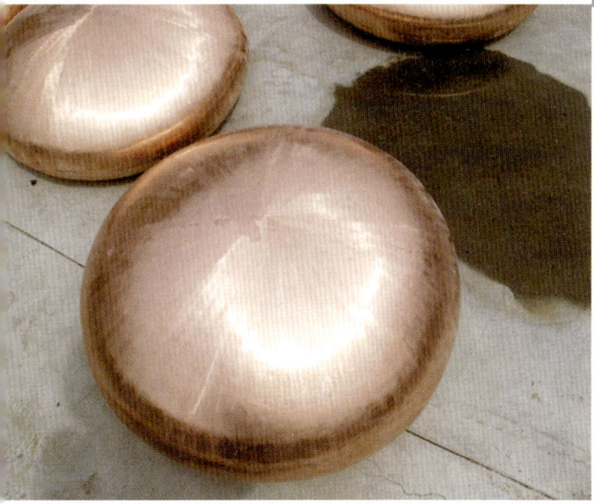

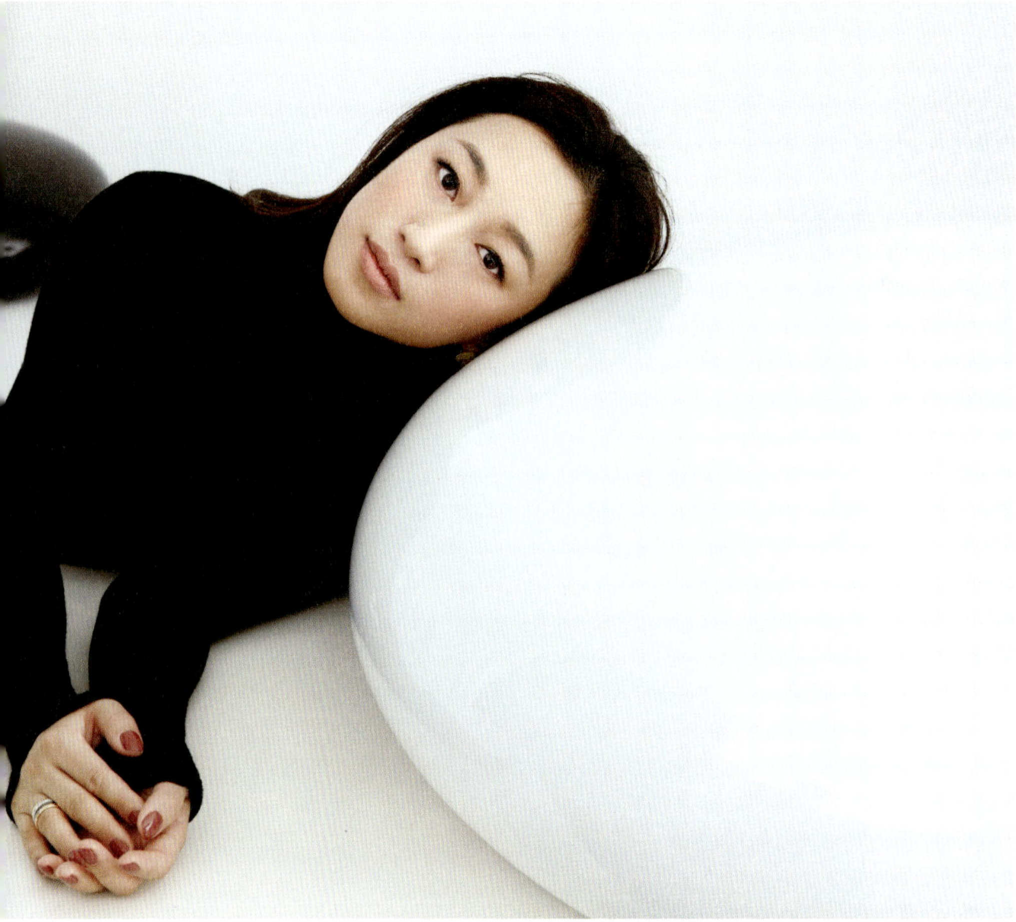

9 生命之树

2010

生命之树
Tree of Life
装置　一次性筷子以及综合材料
Installation　Disposable chopsticks、Comprehensive materials
350cm × 350cm
2010

生命之树

2010 年的春天，中国当代艺术评论家吕澎老师策展的"改造历史——2000—2009 年的中国新艺术展览"邀请我参加主题展，这是我得到的一次宝贵的参展邀约。吕澎老师要求我为该主题展创作一个全新的作品。为了参加这个展览，我开始着手准备内心涌动已久的作品构思。

一个偶然机会我看到一位博士撰写的有关环境保护的报告，其中谈到中国出口木材给森林和水土资源造成损失的国家，比如出口到日本的材料用于制造一次性筷子，像这样我们用宝贵资源换取外汇，而由此造成的环境资源损失的数字令我震惊。

我在 20 世纪 90 年代经常到日本从事音乐活动和工作。那是日本经济发达的鼎盛时期，无论大小商铺和机构都有自己的印刷品宣传册，每个小店铺都有自己的名片和印刷宣传品，纸张印刷品和设计产品非常泛滥，出版物印制精美奢华。我每次都从日本带回一大堆免费印刷宣传品和设计方面的书籍。当时日本本国正在修正因为经济发展给其自身环境和资源造成的破坏，而现在日本国内的景色风光可谓山清水秀，我猜测：大概他们的解决方法应该包括了向外购买资源吧？

对于我们这些游走于海外的中国人，大概都会对西方先进国家在环保上的提倡有所了解，当然他们一些政策可能对其他发展中国家是不利的，环境保护短期看是一个国家和地区的事情，未来看一定是全球的利益和福泽。

回到"改造历史"的主题，我认为在近十年改造历史的行进中，当代中国人以惊人的速度在前行。然而生态环境的破坏是令人痛心和需要反思的。

艺术家有一种能力，可以把视觉图像立体多维地在脑子里呈现出来，审视和修正之后就开始实施了。我的每一个作品在实施以前就已经在脑子里完成了设计规划。

《生命之树》亦如此，有手稿、立体设计图以及泥稿。我用几万双一次性筷子塑造了一棵3.5米高的大树，占地9平方米，以一只乌鸦落在枝头的形象，揭示作品的深层含义。《生命之树》的形态优美，色调简洁，主题明确。

一个作品构思的形成是来自于生活中的所见所闻以及知识的积累。我们用了几个月的时间完成这件作品，周围的朋友和参与作品创作的年轻艺术家们给了我很多的启示和帮助。当你有了爱的信仰，正面的能量总是汇聚在你周围。

10 海浪

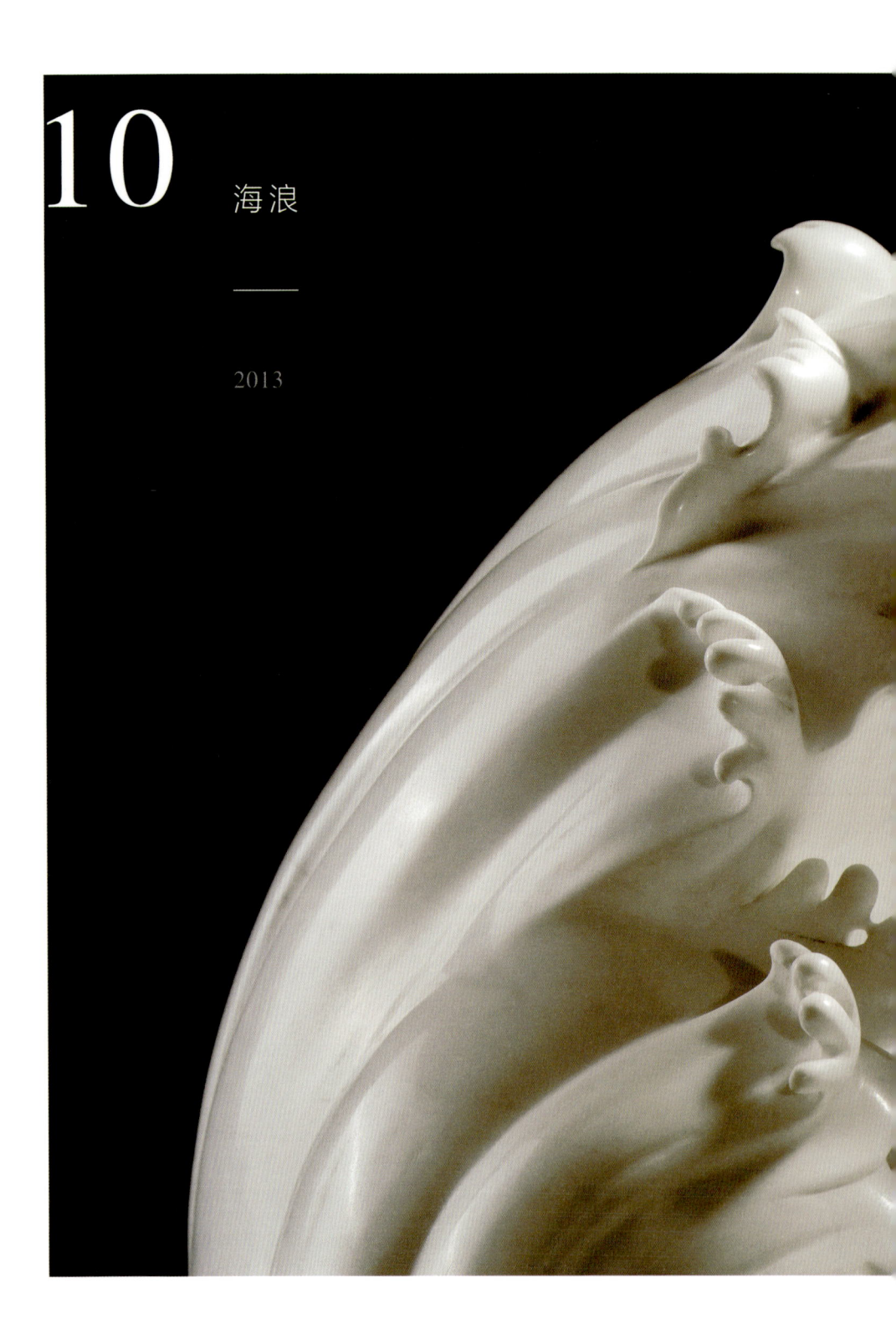

2013

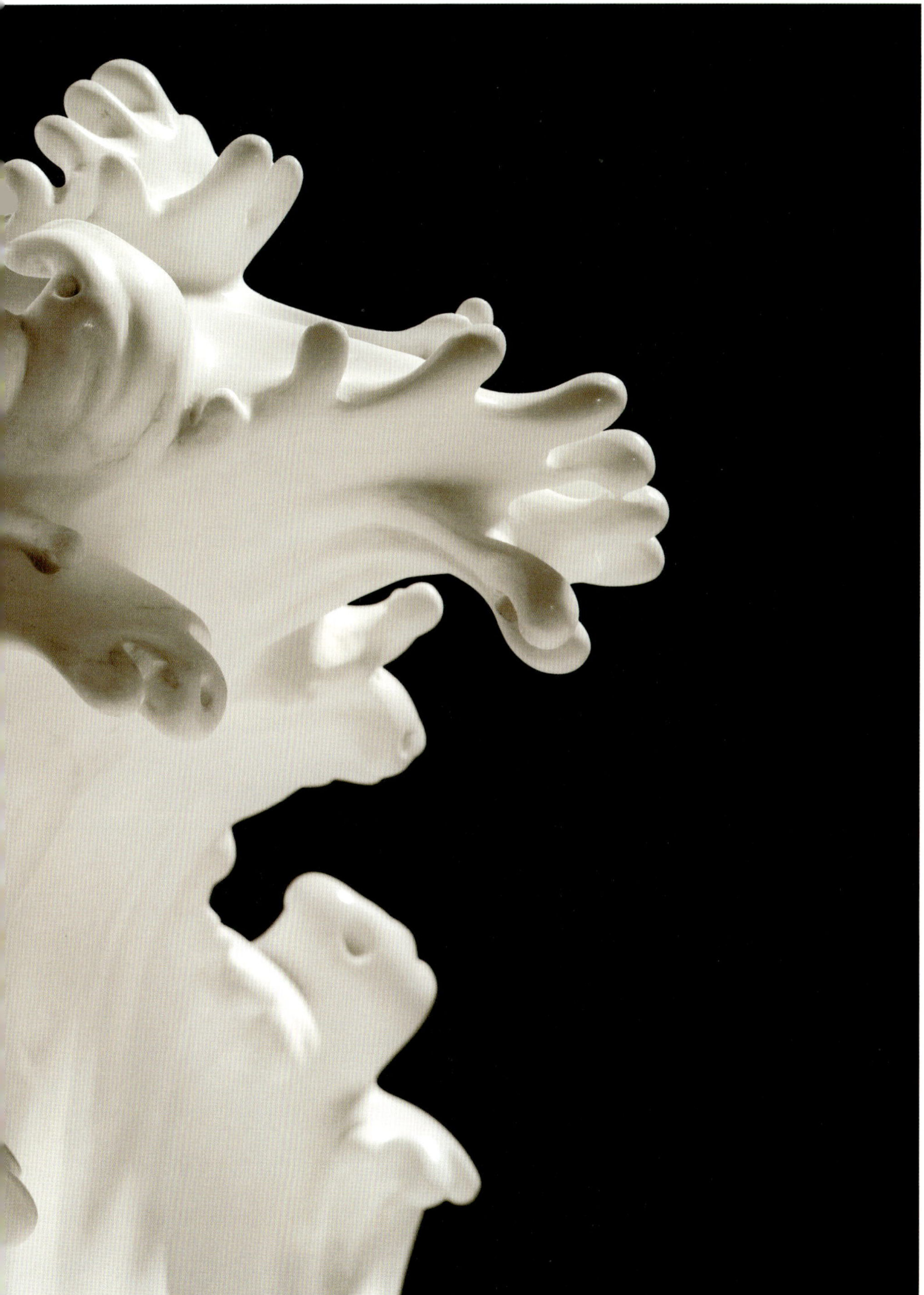

海浪

　　我的雕塑作品《海浪》创作灵感来自于日本江户时代著名浮世绘画家葛饰北斋（Hokusai）的代表作品之一《海浪》（Tsunami）。《海浪》共分为"黑色海浪"与"白色海浪"两种，我对色彩的规划是理性的，黑色和白色可谓两股力量、两个经典色彩。如果说浮世绘时期的"海浪"更多描绘和纪录了当时日本渔民的生态环境，我的《海浪》则更多的是对于心境的描绘，可谓"风浪平地起，内心是海洋"，黑白颜色的对比和相呼应也传达出中国水墨的色彩基调和东方美学的精华。

　　作品《海浪》选择大理石作为这个雕刻作品的材料，是希望材质上可以带出那种古典的韵味，这是任何其他材料不能比拟的。创作过程充满艰辛，从草稿、泥稿的创作，到寻找用于制作的大理石，从北京找到珠海，最后才找到河北曲阳。前后两年多的时间里，每个阶段都得到了很多人的帮助，也曾一度在造型实施的工艺上经历了失败。因为无法达到与内心相一致的画面，那段时间我感到很无助，时间已经花费进去，不想就此放弃。焦灼解决不了问题，放弃是最容易做的，然而我很坚定自己的信念，因为海浪还在我的心里，不能表达出来是能力的问题。

　　《海浪》的底座采用不锈钢镜面，这个镜面可以反映出环境的影像，我要求的长方形的底座几个接缝处需要无痕迹，工人们反复进行尝试都失败了。毕竟是手工打磨，几个月的努力下，终于他们在能力范围内做到了最好。在展出这个作品的时候，我把两个黑白色《海浪》错落摆放在一个长方形的黑色的空间，背后是一个宽大的银幕，播放着海浪冲击岩石的影像资料。《海浪》的对面放一排长条凳，海浪的声音从凳子上方的墙面上左右两个方向悬挂的音响传出来。观者可以坐在凳子上静观《海浪》，倾听海浪冲击岩石的声音，这个作品是视效和声效合一的集中展示。

《海浪》是当代审美与传统工艺的磨合与尝试，借用了影像和声音的综合艺术展现。我把黑色和白色两件《海浪》作品的第一个版号001捐赠给中国国家博物馆收藏，如今在馆内二层南面大厅陈列。这个作品既表达了我的当代视觉体验，也传达出了我对于经典视觉挥之不去的敬意。

Wave in White
雕塑　大理石
Sculpture　Marble
60cm × 63cm × 120cm
2012

Wave in Black
雕塑　大理石
Sculpture　Marble
60cm × 63cm × 120cm
2012

11

每一扇门里
都有
鲜花

———

2012

每一扇门里都有鲜花

艺术家需要从生活里发现素材，并把它们整合在一起形成一个艺术语言。比如我的装置作品《每一扇门里都有鲜花》。这句话总结和包含了我的一段人生历程，我从一个流行歌手转变为视觉创作艺术家，犹如推开了一扇门，在这扇大门的背后是一个新的旅程。我学习到了很多不同的表现方法，一路上采集和收获，不断去尝试和失败，孤独和不被理解，最终我迎来了鲜花，这就是《每一扇门里都有鲜花》的来历。

有了这个想法之后，我的工作室首先从世界各地收集到了不同国家、不同时期的古董门的资料，之后进行筛选。我的选择不会刻意停留在年代上，它们的造型和色彩已经说明：它们有着一种无以言表的美，它们带来时间，带着古朴斑驳和残缺竖立在我的面前，仿佛在诉说着它们的故事。我把它们用各种鲜花装点，它们就成了我的装置作品——《每一扇门里都有鲜花》。这个作品在展览期间需要每周更换鲜花，花的味道甜美而复杂，这还是一个可以闻的作品。因此一个视觉艺术作品的呈现可以是多层次的，这些 Idea 之间是相互关联和递进的。

每一扇门里都有鲜花 1
Flowers behind Every Door 1
装置
Installation Painting on Antique Door
The antique door was made in 19th century,Indonesia
187cm × 76cm
2012

每一扇门里都有鲜花 2
Flowers behind Every Door 2
装置
Installation
The antique door was made in 19th century, France
235cm × 150cm
2012

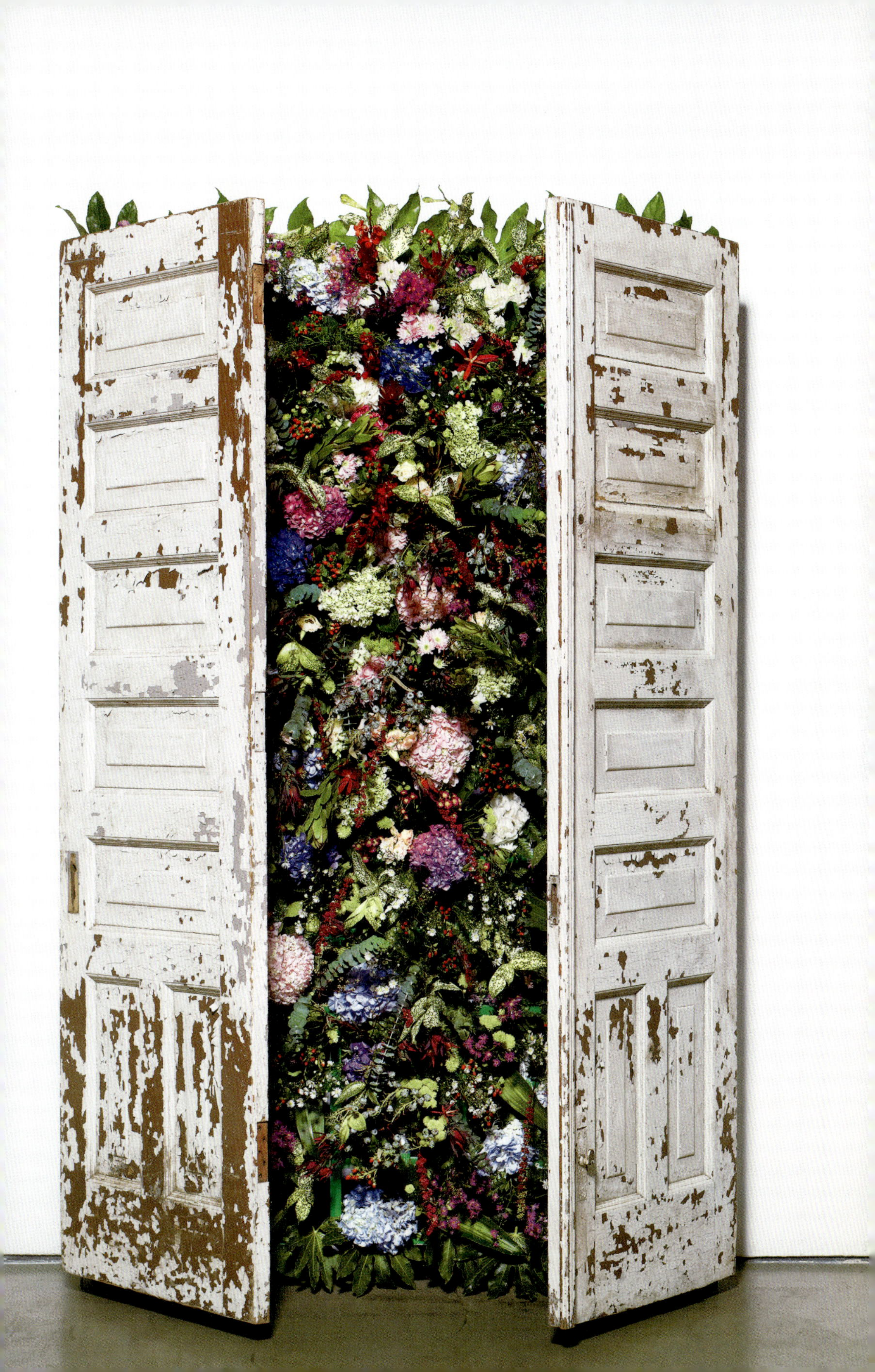

每一扇门里都有鲜花 3
Flowers behind Every Door 3
装置
Installation
The antique door was made in Qing Dynasty, China
296cm × 137cm
2012

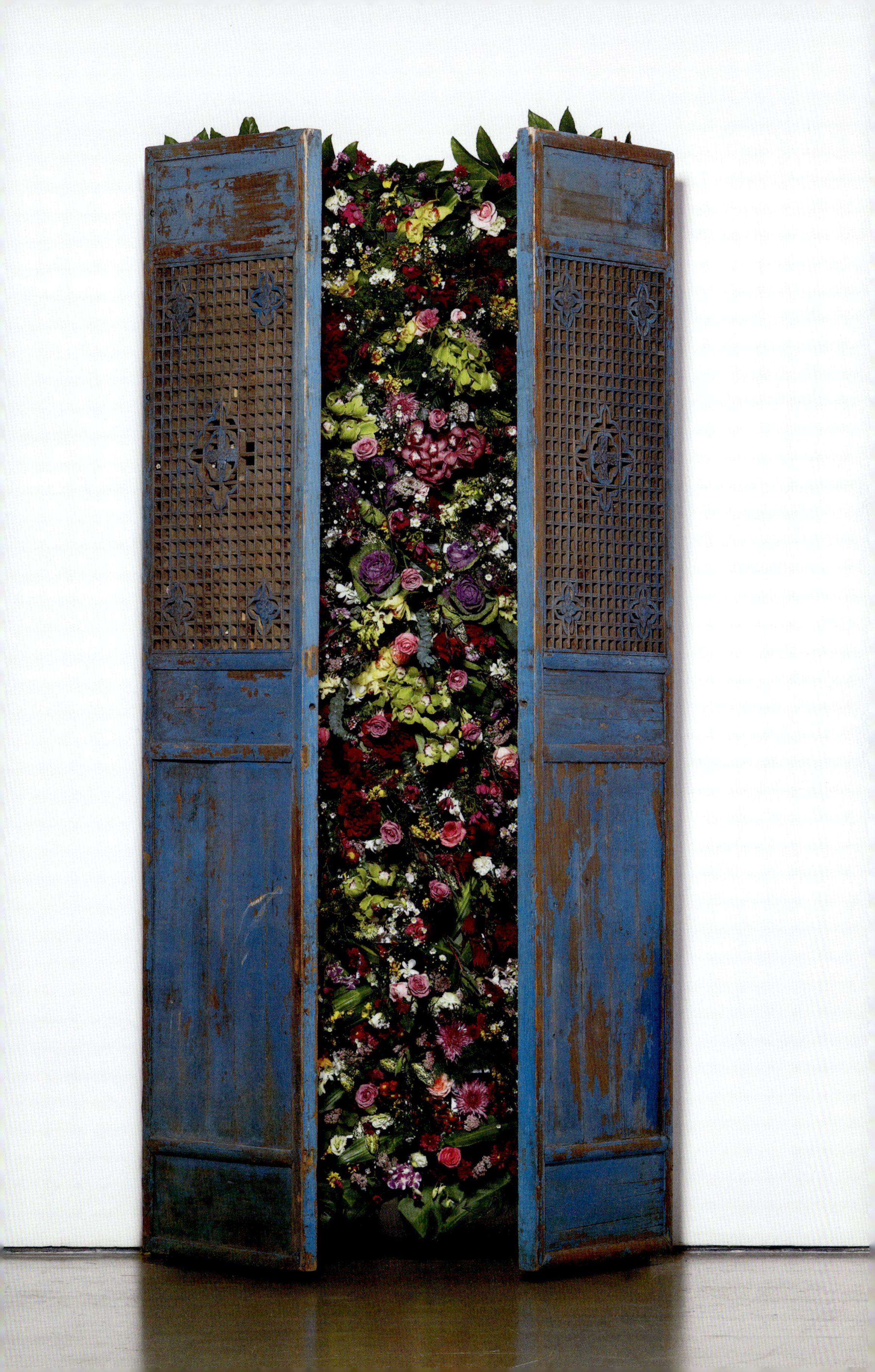

12

I
LOVE
COLOR

———

2012

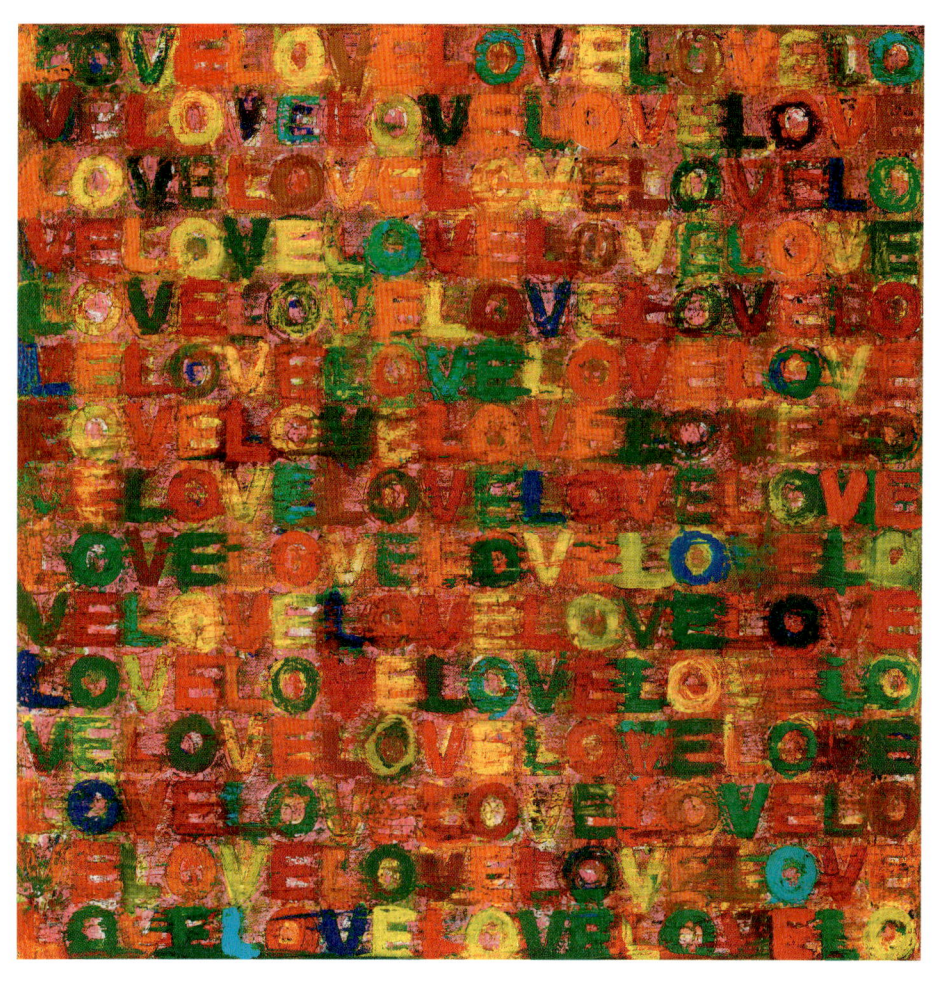

I Love Color
布面油画
Oil on canvas
90cm × 90cm
2012

I LOVE COLOR

生活是多样而丰富的，就像鲜花，每朵都不一样，都有各自的芬芳。都市中的人们被锁困在欲望和责任中，每天奔跑和追赶。作为艺术家最大的快乐是拥有时间，创作上最大的投入也是时间。在这样一个可以自由支配的时间里，我最大的快乐是在色彩中游戏。

我的创作喜欢使用不同材质，用不同的媒介去表现。在艺术家眼里什么都可以被称为"艺术"，在平常人眼里那可能只是生活的一部分。

我认为艺术家必须是勤劳的，慢想快做，实践不能停。当然需要想好了才干，不能蛮干。想法不完整就不完美，可是完美了也不好，缺乏了残缺的味道，有时候不完美就是完美。就是在一种脑力和体力的交替运转中去磨合。

控制作品的完成是一种心力，控制画面是一种能力。

我一直在尝试，用"LOVE"这个符号去建立色彩构成以及画面的可读性。

"I Love Color"系列作品在探索：用推翻和重建的色彩游戏去颠覆符号与具象的界限。该系列作品的创作周期在 6 个月到 8 个月，或者 1 年多。我有时候会把它们搁置在一旁，等待画面干透了再画。这样每一层颜色都留下痕迹，而每一种绚丽又被覆盖。创作过程对我是考验，这些色彩在欢快地奔放的同时，你要懂得如何收手。有时候你不知道它们会去向哪里，知道了又不好玩儿了，因此，我手中各种颜色的画笔好像是顽皮的狗，我牵着它们，它们也牵着我。

"I Love Color"系列作品的创作方式更像是在做游戏，孩童般的涂鸦方式，随意开始，无意中结束，犹如野马在悬崖前止步，什么时候奔放，什么时候收手，像是孩子般的无畏和勇敢、天真和憧憬、好奇与期待，然后无所谓地离开，奔向下一个游戏。

我一直喜欢孩子们画画，每次看到我外甥翕翕的画我都想签上自己的名字，我很担心孩子们长大后忘记了他们的想象力。

"I Love Color"系列第一件作品在中国国家博物馆展出时得到很多关注和好评，可谓从过去的"LOVE"系列作品理性的工业化和机械化创作中得到了某种释放，大家的喜欢更加纵容了我义无反顾地向色彩狂奔。

13 我
爱
重金属

———

2012

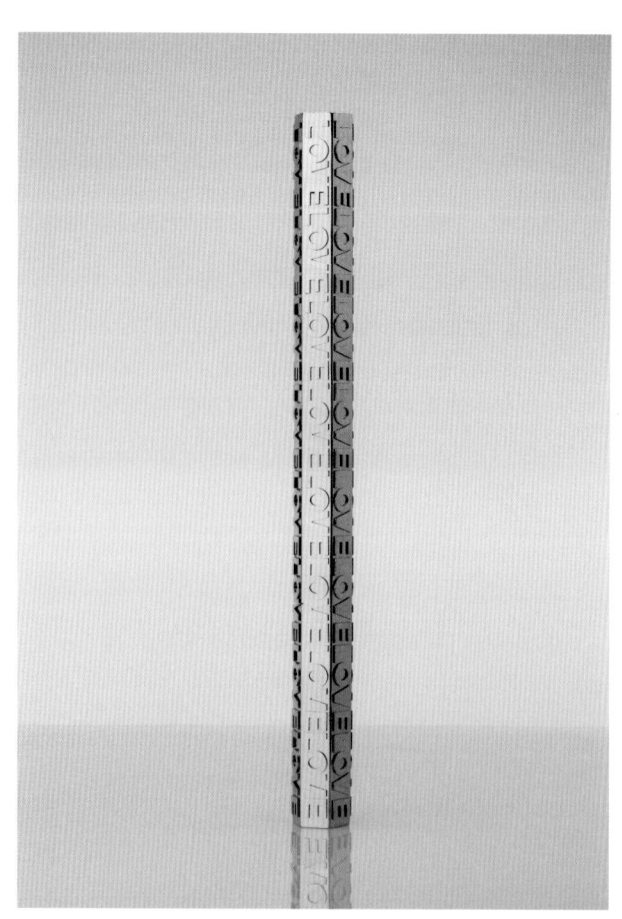

I Love Heavy Metal
不锈钢
Stainless steel
尺寸可变
Dimension variable
2012

我爱重金属

如果一个人突然对你说爱，那么无疑像是一颗炸弹投入你的内心。对于成年人来说"爱"这个字如此重且难以表达。"爱"很难说出口，即便在我很年轻的时候，对于我来说，我只在歌词中直白地表达过一次，在《Made in China》中我唱道："我爱你，中国！"我的作品"LOVE"系列做了很多年，但因为是英文，我借用了这个字符所包含和伸展的意义来做作品。

金属是冷漠的工业产物，但它可以随着外部温度的升高迅速增温。如果你手握或者怀抱一块儿金属，那么这块儿金属会迅速传导热量；当你离开，那么这块儿金属的热量很快消失，金属回归冷漠的自身属性。这犹如爱的激情，相爱的时刻或许可以融化整个世界，分别之后那份记忆会逐步冷却，最多隐藏在胃里的某个角落，逐渐被岁月清洗冲淡。

冷漠是现实，有时现实残酷，但比谎言美。透过现实看透本质，那么你可以欣赏和接受这种美。因此"我爱重金属"是我对现实的态度，当你接受现实，你的爱也可以变得理智和包容。

《I Love Heavy Metal》是我对重金属的迷恋，材料选用不锈钢金属手工锻制出来，它的形状像是一颗炸弹。如果你没有爱过，你无法体会这种冲击力。

Rolling The Yellow Stone
装置　金矿石、黄铁矿石以及不锈钢
Installation　Golden ore、Yellow Iron ore、Stainless steel
90cm × 180cm
2012

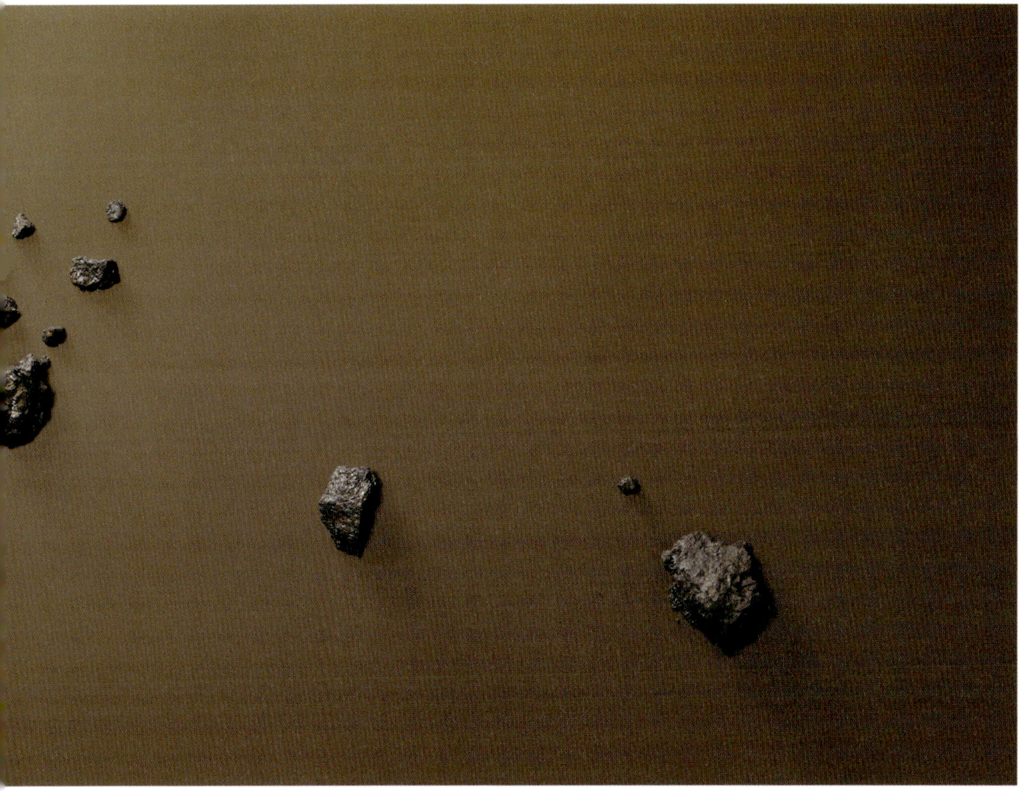

14 我的母亲和我的家乡

———

2012

《My Mom and My Hometown》
制作过程及艾敬妈妈

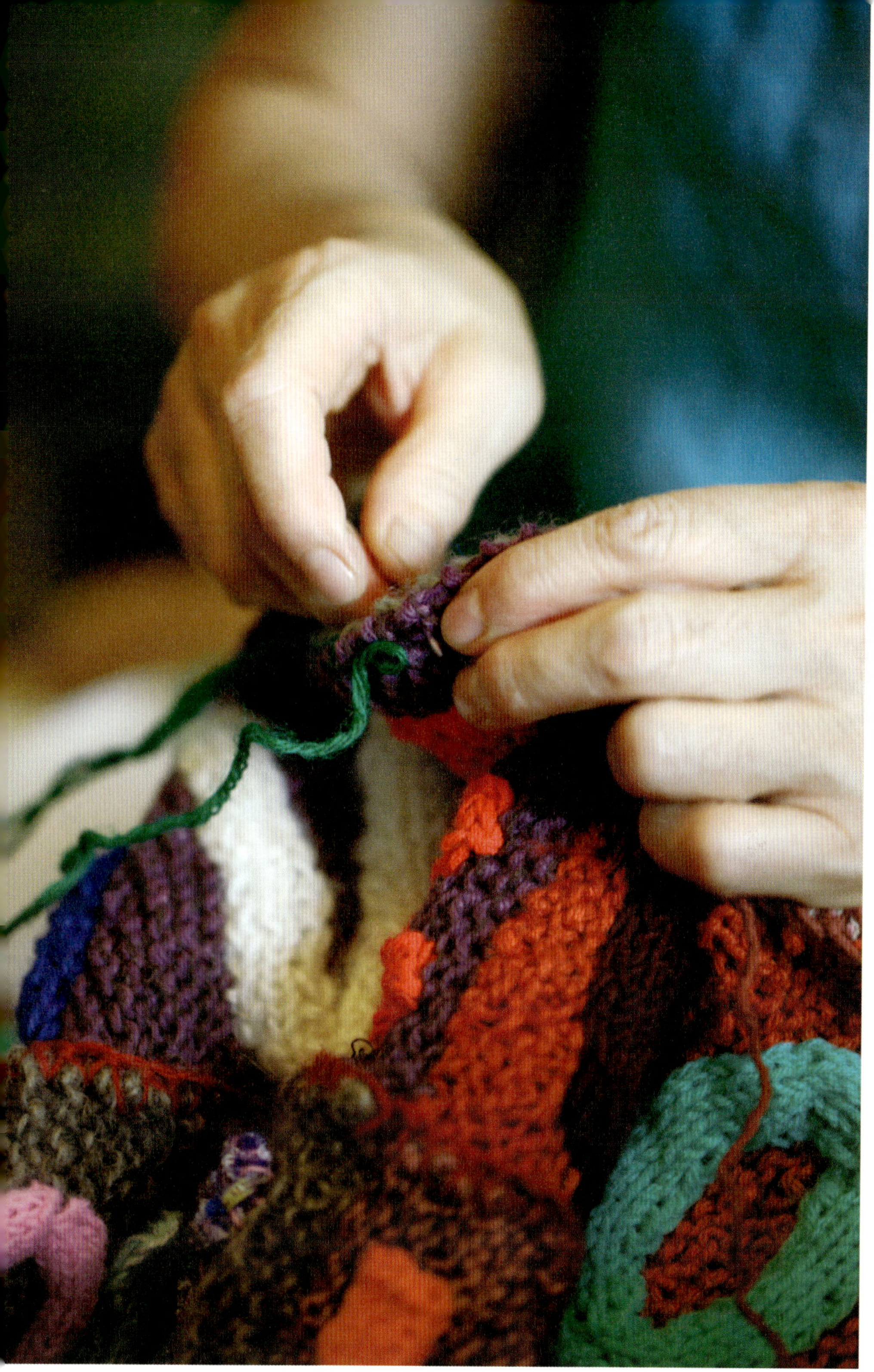

我的母亲和我的家乡

记得我 11 岁生日那年，母亲为我编织了一件白色的紧身毛衣。穿上那天我感觉自己像是被宠爱的公主。我拉着母亲的手在秋天的家乡沈阳我出生的那条街上行走，那份幸福感至今还在。母亲从来不知道我需要什么，她只会按照她自己的方式去表达她对我的爱，以至于每当她给予我关怀的时候我总感到委屈和愤怒，即便我知道那是出于她的好心，她的爱。再后来她还是喜欢编织，退休后尤甚，把旺盛的精力投入在给我们几个孩子编织衣物上。我的两个妹妹对于她的这份爱永远都会接受，而我不想她这么辛苦地编织一些我根本不需要的衣物，所以每次都对她嚷嚷不要再为我编织。后来我发现母亲其实不仅仅是为我们在织，而是为了满足她自己对于色彩和构图的喜爱以及她内心情感的表达，或许也因为她的天分从来就没有找到出口。

近十年来我在世界各地为母亲搜集编织方面的书籍，也会购买一些针线，我开始理解她的执著，鼓励和支持她。我也曾经调侃母亲，我说您真是一个"蜘蛛妈咪"，我真想把您挂在墙角的蜘蛛网上，那里才是您乐于耕耘的地方。

"LOVE"系列是我的视觉作品中一个连贯的创作，我总在搜寻一切可能与这个主题相关的材料以及更多的内在含义。我想到了我的母亲和我的家乡沈阳，我的装置作品《My Mom and My Hometown》发动了我的母亲以及母亲周围的亲朋好友，还有邻居们，54 个家庭参与制作，采用了每个家庭奉献的旧毛衣毛裤等编织衣物拆洗后的毛线。家乡的亲友们夜以继日地穿针引线，有负责缠线团的叔叔，有齐齐动手参与的一家老小，有怀里揣着降压药为我赶制最后部分的阿姨……我的父亲负责买菜做饭协助母亲的工作。母亲往年都要在这个时候住院调养，但奇怪的是那一年她非但没有住院还精神烁烁。家乡的亲友们以极大热情编制的这个色彩斑斓的爱的画面，让废旧的材料重新焕发光彩。我们分3次拍摄了这个创作过程，过程本身就很有意思。亲友参与的过程是快乐的，他们也一定有一些对过去生活的回忆。他们相信我的想法，使这样一个充满"love"的符号可以从旧的生活中得到提升进入到艺术殿堂。我母亲的天分得以最大化地发挥，母亲原本无法停止的编织行为以及曾经"拥堵"的情感得以释放和疏通，她的爱得到了延伸和传递。

《My Mom and My Hometown》色彩张扬，充分展示了北方人大气磅礴的个性，以及在抵御寒冷之下的智慧与温情。挂毯前面是母亲埋头编织的雕塑形象，雕塑采用了硅胶等综合材料，虽以我母亲的形象为代表，实际上包含了我的家乡沈阳那里几代母亲们的形象。这个作品对我而言不仅仅是个人情感的展示，而是通过这个作品对北方人文地理、情感和风貌的一种集中体现，尽管这种风貌只是来自于我的家乡，但是当一个典型的地域文化站在世界舞台上也是可以散发光彩和传播能量的。它带来新鲜的视觉体验同时，也带来某种熟悉的情感感受。

一个人童年的成长背景和环境会给人生刻上不可磨灭的痕迹。我的家乡沈阳曾是重工业城市，我在工厂区长大，因此我对于钢铁和机械非常迷恋，对汽油和油污的混合气味格外熟悉。那片土地成就了我的个性——勇往直前，不畏严寒。令我欣慰的是，我不但找到了爱的创作源头，也找到了我和家乡的关系，这对于早年就离家漂泊的人何等重要和骄傲。

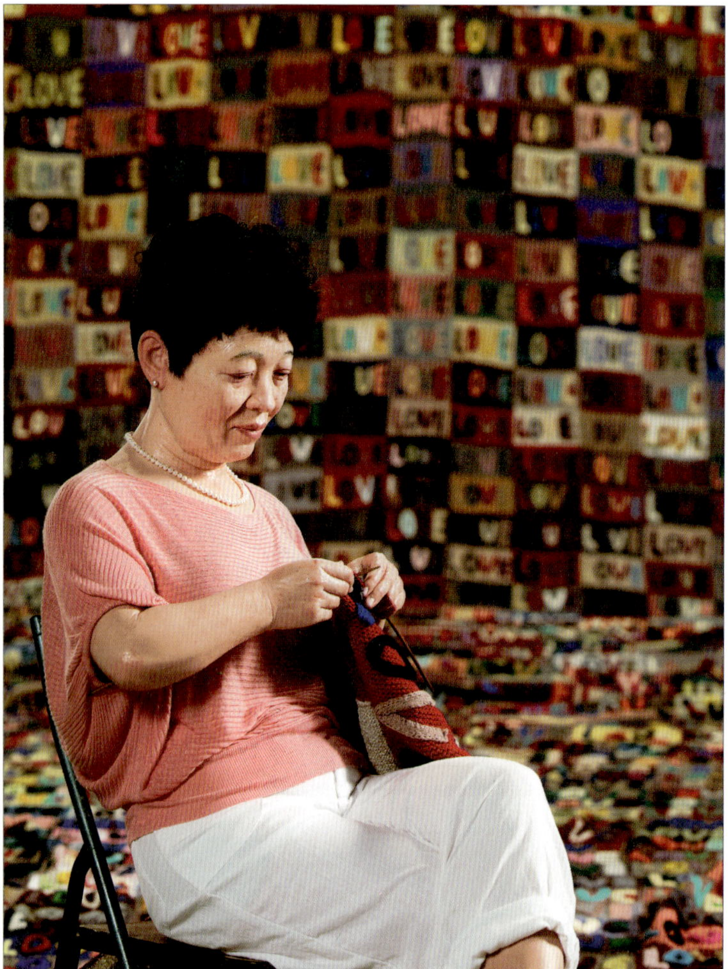

My Mom and My Hometown
装置　废弃毛线、玻璃钢、硅胶
Installation Abandoned wool、Glass fiber、Reinforced plastic
1600cm × 600cm
2012

15 我的家乡

―――

2012

My Hometown
装置
旧锅炉、铅皮
Installation and Video Old boiler, lead sheets
800cm × 190cm
2012

我的家乡

　　几年前我的工作室锅炉坏掉了，我换了一种新型的锅炉，不用烧煤，而是使用一种类似某种动物饲料形状的燃料。我舍不得扔掉那个被替换掉的废弃锅炉。它唤起了我童年的记忆，记忆中自己像个男孩子一样被母亲呼唤作"儿子"，想起那些与之相关的黝黑黑的煤块、煤坯、蜂窝煤，那些零下几十度仍然忙碌的北方人，那些在冬日下雪天里奋力奔向温暖家的人们，有我的父母、我的外公外婆、我的亲人和朋友们。秋天来临的时候，街道两旁每家每户开始准备冬天取暖的燃料……而对这个废弃的锅炉，那些有关家乡的、有温度的感受都逐一涌现出来。

　　创作过程中我想把一些过往封存，把一些东西颠覆再发展。

　　这个锅炉承载着巨大的能量与想象力，在我眼里是独一无二的宝贝，我把可能做成的效果在脑子里想了很多种形式：有童趣的、有宇宙飞船式的等等。最终我选择了较为神秘的感觉：我保留了锅炉的原来造型，使用了铅皮等材料拼贴在它的表面，就好像是一个穿着盔甲的保家卫国的武士，给人安全感。铅皮自然氧化带来了不可控制的色彩上的微妙变化，这个作品或许会随着时间流逝而呈现一种可期待的、可与外部有交流的、有生命力的一个效果。同时嵌入在这个"焕然一新"的锅炉里，还有4个影像播放系统，我植入了有关我的家乡沈阳以及家人的生活片段和场景的影像资料，使观众能够更加直观地感受到北方城市的地域特性以及北方人的性情。

　　我再一次使用了现成品——废弃的材料，《My Mom and My Hometown》、《每一扇门里都有鲜花》、《My Hometown》等都使用了古旧材质，重新装置起来，新与旧交替和交流，连接了不同的时间和空间。

16 枪与玫瑰

—

2012

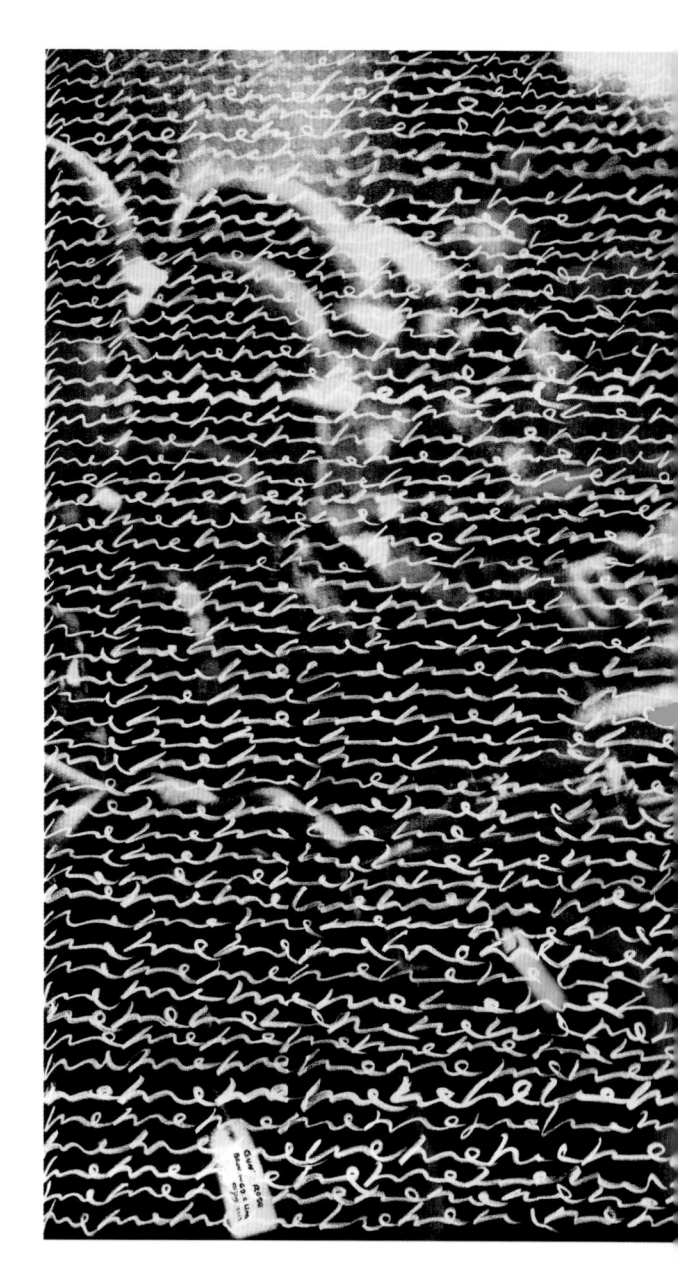

枪与玫瑰
丝网印刷、油画棒
Printing on silk screen、Crayons
300cm × 450cm
2012

枪与玫瑰

几乎是 20 多年前，我对一个画面一直无法忘记，那是一些士兵持枪面对一个手持鲜花的女子。

这是法国摄影师马克·吕布于 1975 年拍摄的新闻照片。当时这张图片震惊了整个世界，也震撼了我。一个弱小女子代表全世界渴望和平的人们，勇敢地站在了准备上战场的士兵面前，用一朵鲜花融化了全世界，给人们传递了强大的讯息：爱，和平。

艺术家需要有敏感度、视觉记忆以及综合资料整合能力。几十年之后，我想到了这张图片，我想借用这张图片的影像，重新对照今天的世界局面。战争一直没有停歇，多少无辜的人为此失去家园和亲人。爱的主题不能回避的是对现实题材的揭示，对世界的关爱是大爱。

《枪与玫瑰》这幅作品，是以英文"LOVE"一次性完成书写的形式，覆盖在一幅闻名世界的新闻图片上。画面采用传统的丝网印制，由于尺幅很大，纵 450 厘米，横 300 厘米，丝网印制需要特别制作印制设备，制作周期和资金都很高。当然我也可以采用电子印刷的方法，价格低廉，时间又快，然而我喜欢传统工艺，尤其是与有才华的技师或者艺术家的合作，效果一定不一样，那样画面会是灵动的。

用丝网印制的工艺画面准备好了，一个星期天的下午，我开了一瓶香槟，配了新鲜柚子汁，请来摄影师汪士卿老弟，用一种特殊摄像机以固定机位拍摄整个创作过程，几个小时的创作最后以几分钟快速呈现出来。这几个小时内，我用油画棒在画布上书写"LOVE"。我独自搬动梯子，上上下下，还穿着7寸高跟鞋。光影在画面中移动变换，由下午移到傍晚，我沉醉在完成作品的满足中。香槟在我体内的效果是高扬的，它总可以点燃我的激情。

《枪与玫瑰》取自美国重金属摇滚乐队的名字，仿佛回到了"Woodstock"（伍德斯托克——世界上最著名的系列性摇滚音乐节）的20世纪60年代的颓废和愤怒，或者是20世纪70年代的自省与反思。

以"LOVE"符号，以反战的精神，借助世界范围有影响力的影像资料和大众熟悉的符号或者图像，对时间、空间再次定格，并重复与强调，进行二次创作，从而赋予作品新的视觉效果。《枪与玫瑰》是最接近我的音乐作品《我的1997》的创作方式，同样以大众熟悉的历史事件和时间包括人物为元素，以个人的立场重新温习这个事件，以及重塑其当代含义。

《枪与玫瑰》创作过程视频

17 登上中国国家博物馆的台阶

2012

登上中国国家博物馆的台阶

2012年11月，我迎来自己人生又一次重要的蜕变，我的个展"I LOVE AIJING：艾敬综合艺术展"在中国国家博物馆举办。这是中国国家博物馆建馆以来首次推出中国当代艺术家个展，我很荣幸地成为第一位在国博登场的当代艺术家。该展览筹备近两年，占用国博南二、三层两个展厅近两千平米，展出二百多件我的艺术作品，包括雕塑、装置、绘画、影像四个部分。作品材质包括大理石、紫铜、不锈钢、天然矿石、一次性筷子、古董门、鲜花等不同材料创作的作品。

开幕当天，我简直不敢相信自己真的做到了，我几乎只会说谢谢，我说不出更多，所有的语言都已经在那些作品里。记得在准备个展阶段正好播出伦敦举办的奥运会，那些参加比赛的运动员的拼搏精神激励着我，不到最后一刻不放弃追求和努力。我尽可能地去完成我的想法，综合地展现这些年在不同领域的实践和学习，对我而言这次展览更像是一次汇报。

2012年11月19日,"I LOVE AIJING:艾敬综合艺术展"在中国国家博物馆展出

《ONE DAY》

"I LOVE AIJING：艾敬综合艺术展"中国国家博物馆展厅

203

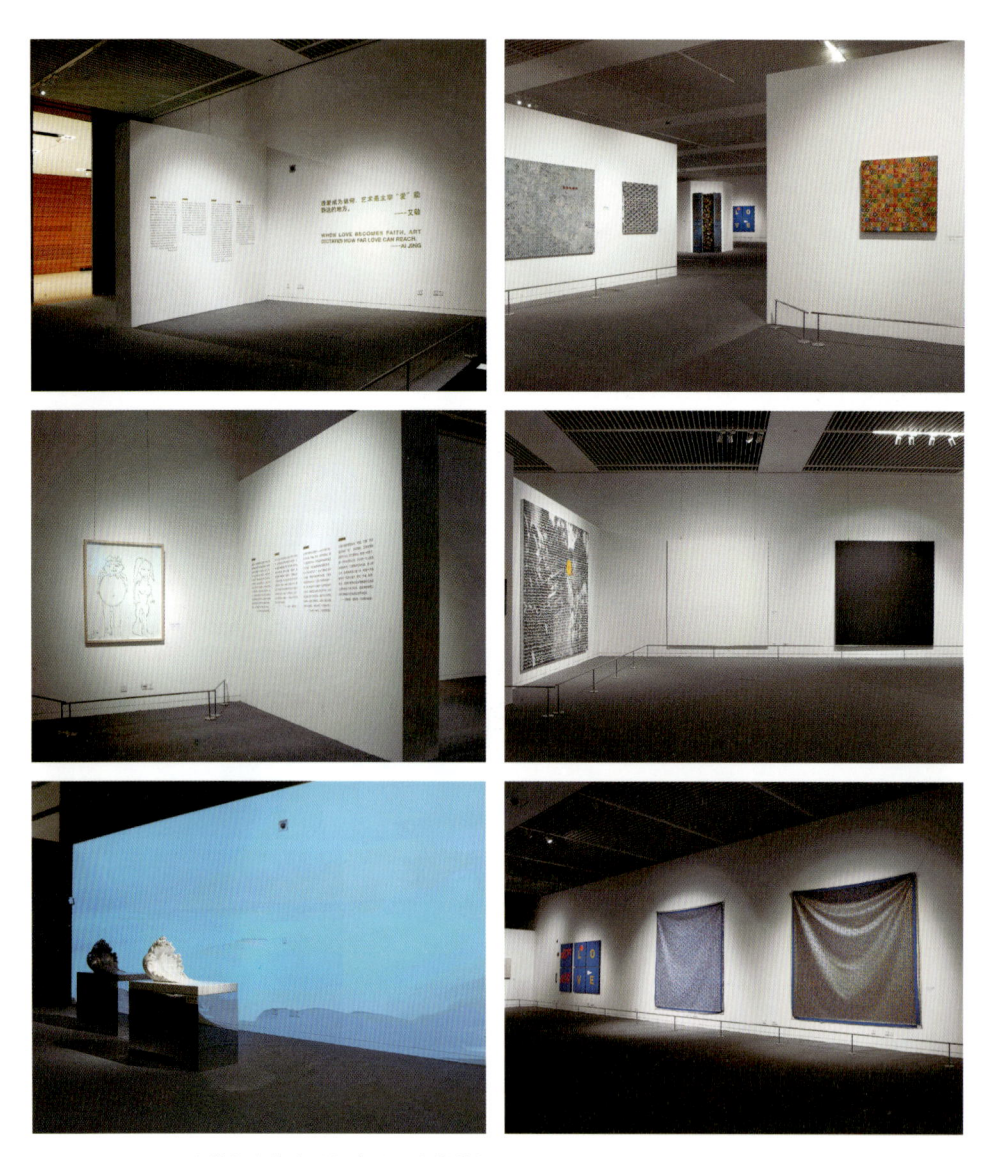

"I LOVE AIJING：艾敬综合艺术展"中国国家博物馆展厅

"I LOVE AIJING：艾敬综合艺术展"中国国家博物馆展厅

18 公共项目

——

2012

我认为当代艺术需要以谦虚的姿态走进公众的视野，艺术家需要公众这面镜子。

——艾敬

公共项目

"I LOVE AIJING：艾敬综合艺术展"展览期间我还举办了三次艺术现场的公共项目，我请来音乐家杨乐，诗人春树，当代芭蕾舞蹈家王思正，当代舞蹈家凌晓鹏与我的作品《生命之树》进行现场即兴表演，这个项目叫做"生命树下"，我还专门安排接送打工子弟小学生和他们的家长一起来看我的展览，让孩子们走进博物馆，更直观地去体验视觉艺术，我深知艺术创造对于孩子们心灵启迪的作用，而他们是这个世界的未来，我希望自己的作品能够给孩子们的成长提供一个参考。"I LOVE AIJING：艾敬综合艺术展"展览获得很多关注和好评，很多时候是一家老小过来到我的展览现场，并要求与我拍照。我非常乐意配合，我认为当代艺术需要以谦虚的姿态走进公众的视野，艺术家需要公众这面镜子。

1 绿源打工子弟学校的10名小学生及家长集合准备进馆参观
2 孩子们在艾敬的作品前驻足停留
3 同学们画下自己心中的"生命之树"
4 同学们参观中国国家博物馆的基本陈列展"复兴之路"
5 全体学生、家长及老师合影留念

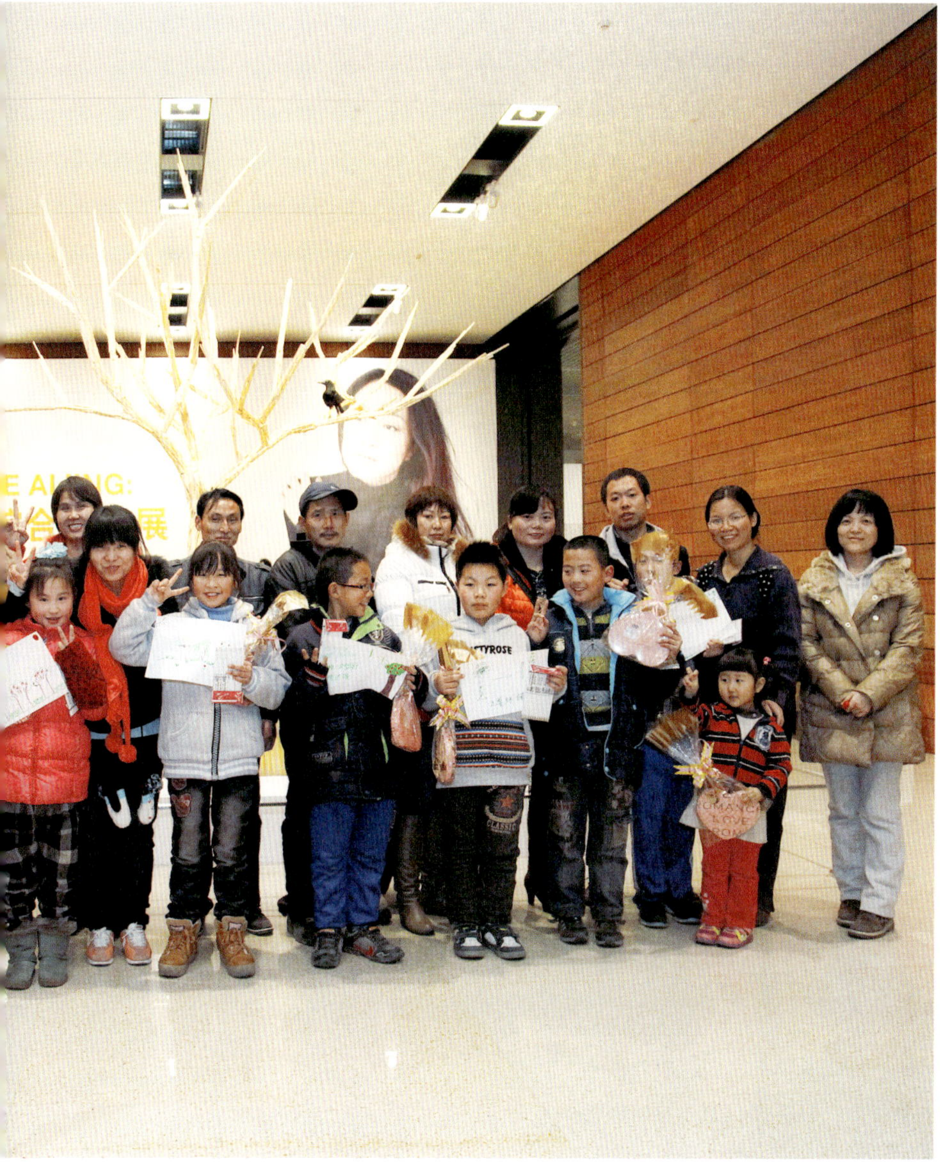

19 用爱去创造爱

2013

用爱去创造爱

　　回顾我的音乐和视觉艺术创作历程，从《我的1997》《艳粉街的故事》《Made in China》《生命之树》《每一扇门里都有鲜花》《My Mom and My Hometown》到《枪与玫瑰》等等，都是关于一个人的成长以及对爱的感悟，既有对人的关爱、对家乡的爱，更有对环境的爱、对国家的爱，乃至对世界的爱。也正如我的名字——艾敬："love and respect"。

　　从音乐到视觉艺术的创作我一直沿用着一个符号，那就是全世界都能读懂的语言"LOVE"。当这个符号里注入了我们的生活经历和感受，当这个符号是我们透过它去了解世界，那么"LOVE"不仅仅是一个符号，它不再是空洞的，它是我们见到就会联想到某个人、某件事、某种气味和某种力量……

　　无论顺境逆境我都怀有一个信念：把磨难沉淀在心底化作养分和动力，"用爱去创造爱"，因为我相信"当爱成为信仰，艺术是主宰爱能够到达的地方"。

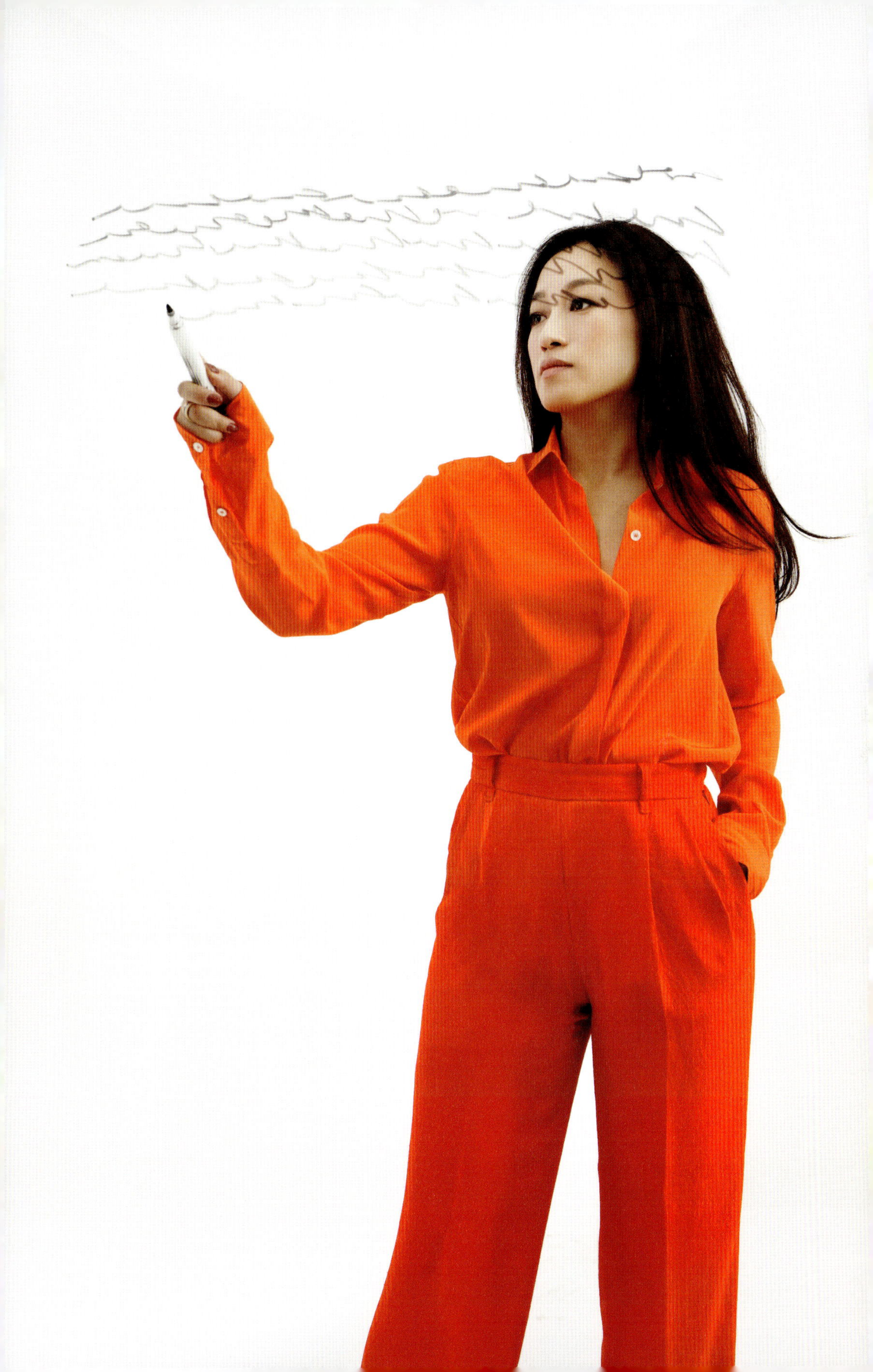

一 我最喜爱的艺术家
My Favorite Artists

ANDY WARHOL
1928.8 — 1987.2

安迪·沃霍

美国波普艺术运动的发起人和主要倡导者。1962年因展出汤罐和布利洛肥皂盒"雕塑"而出名。他的绘画图式几乎千篇一律。那些取自大众传媒的图像，如坎贝尔汤罐、可口可乐瓶子、美元钞票、蒙娜丽莎像以及玛丽莲·梦露头像等，被当作基本元素在画面上重复排列。所有作品都用丝网印刷技术制作，形象可以无数次地重复，给画面带来一种特有的呆板效果。

那是1997年我第一次到访纽约，住在上城，每天去复旦大学上英语课，有一天在第五大道上我看到一个奇特的人，一身黑衣——黑色套头针织衫以及黑色牛仔裤，银白色的头发，一个人走在街上。当时正值7月的夏天，穿成这样的奇特气质的人吸引我尾随着他走了几条街道。忽然间他拐入两个大厦之间的一条胡同，我追过去探头一看，他竟然站在那里悠悠然地捧着一本书在看，肩膀斜靠在大厦的墙面上。我很愕然，他是怎么做到一转弯就捧起一本书在看，又很悠然。那一幕一直难忘。

1998年，我第一次参观了纽约当代艺术美术馆——MOMA，知道了艺术家安迪·沃霍，他的样子居然就是我1997年在第五大道上看到的那个人，可是那时候他已经去世10年了，不是吗？！

我曾经非常喜欢他，以及他创造的一切，他可以随时把废纸变成艺术被人们追崇膜拜，他拍摄的电影《Chelsea Girls》、他成立的乐队"地下丝绒"都是那个时代的记录者，迷茫，渴望成名。随着经济的发达，那一批人里唯有安迪·沃霍具有颠覆之力，他成为了当时最为重要的视觉艺术界的领袖。曾经有一个追随他的女性艺术家企图杀掉他，这部电影我看过，叫《杀死安迪·沃霍》。这仿佛是由于他巨大的成功给其他艺术家带来的巨大的压力所致，没有人能够像沃霍那样具有点石成金的能力。艺术家们还在追寻画面语言的突破，而沃霍直接把钱印刷出来，并且告诉世人这就是艺术。

沃霍不断地复制和重复一个符号或者图像，以及他的成名作——一堆罐头，映射了生活的乏味。他的作品散发着强烈的悲观主义味道，同时又揭示着现实的残酷，不可思议的是他能够甩给公众的是强有力的震撼，既然资本主义的商业机制构建了一个运转的金钱游戏，那么艺术家何必去在石膏和构图中求得一块面包？沃霍带来的是一场革命，是当代艺术重新洗牌的时刻。

沃霍简直就是一个英雄、一个明星，无数艺术家妒忌又崇拜他。沃霍与杜尚不同，虽然两个人都影响了很多人，但是前者是商业上获得巨大成功的弄潮儿，后者的姿态在于更长久而深远的精神层面。他们都付诸了自己对艺术和人生态度的实践，并且得到了世界范围的关注。

我说了自己曾经喜欢沃霍，我后来厌弃他就像厌弃了他揭示的现实的本质，因为他把所有对艺术的追求和幻想的那一层薄纱撕开，赤裸裸的。他把谜底已经翻开，别人还怎么玩儿？

安迪·沃霍是 100 年才会出现的一个人物，用强大的颠覆以及调侃，把艺术这件事玩乐得不亦乐乎，无数艺术家从他那里得到启发，包括我自己。

无论你喜不喜欢他，或者对他不屑一顾，鄙视他的人必须超越他才有说服力。

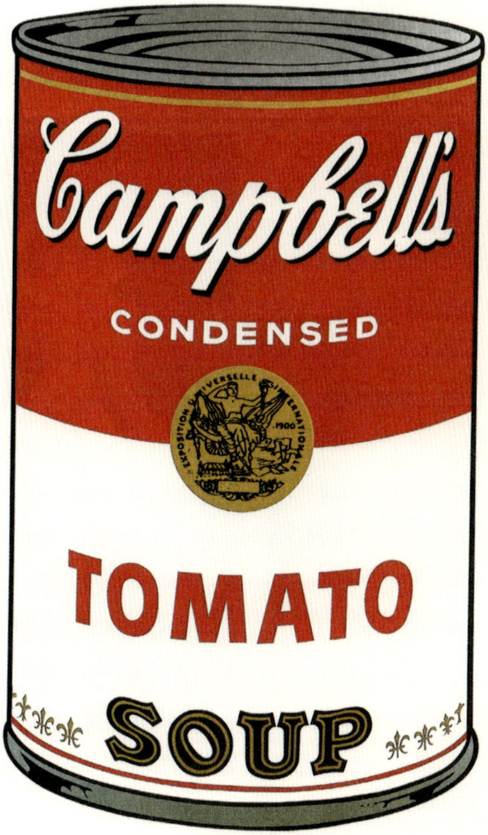
Campbell's
CONDENSED
TOMATO
SOUP

MARK ROTHKO
1903.9 — 1970.2

马克·罗斯科

生于沙俄时代的拉脱维拉，1910 年移民美国。他的作品和画风被认为是抽象表现主义的典范之作。马克·罗斯科的作品一般是由两三个排列着的矩形构成。这些矩形色彩微妙，边缘模糊不清。它们漂浮在整片的彩色底子上，营造出连绵不断的、模棱两可的效果。颜料是被稀释了的，很薄，半透明，相互笼罩和晕染，使得明与暗、灰与亮、冷与暖融为一体，产生某种幻觉的神秘之感。这种形与色的相互关系，象征了一切事物存在的状态，体现了人的感情的行为方式。罗斯科的画往往尺幅很大，这是为了能让人置身于体验之中。

在我筹备中国国家博物馆个展期间，我的手提包里每天必带的一本小画册就是罗斯科的，他的作品对我而言就像是一个颜色字典，有着谜一样的解构能力，是一种情绪上的带动和控制。关注他的作品是在纽约生活期间，那些拍卖预展总有他的作品展出。我常常近距离地去观察它们。当我对他的生平完全不知道的时候，我就喜欢他的作品，那些色彩之间的控制犹如中国的水墨画，很薄很透，色彩之间的关系也很微妙和意外。开始仅仅从色彩去喜欢这些作品，逐步地被套入他设置的情绪，我发现自己很难走出来。这当然也是一个不好的讯号。

我能够感受到他的色块构图想要传达的情绪，就像我自己信奉的教条：我认为一个画面不一定有具象的景物也一样能够达到视觉的冲击力。

沉迷在色彩的游戏当中也是非常危险的，我猜想这是后来他自杀的原因之一。他想要表达色彩世界里充斥着这些色彩之间的博弈和较量、互相的映衬以及情绪的宣泄。

好的艺术会说话，好的艺术可以历经时代的考验，好的艺术属于未来。

在电影《钢铁侠3》里面，钢铁侠被炸毁的现代别墅里面有一幅巨大的罗斯科的作品，男主角孤独地站在那里，一个全景远镜头，他怒视着想要摧毁他的轰炸机，其实也隐喻着主角神秘孤傲的英雄身份和较强的经济实力，以及好莱坞在电影中摧毁高价值物品——好车、好房子、好画、好酒等的惯用过瘾手法。

最初我不认为自己的作品受到了他的影响，我每天带着他的画册好像多了一份安定，早餐时或者在去工作室的路上翻开一下。当《My Mom and My Hometown》完成之后，我惊呆了，这个作品背后呈现的色块与罗斯科的作品有着天然的呼应。区别在于我的作品出自家乡亲人们的生活素材，天然形成，罗斯科的作品是在严谨的思考、缜密的制作下完成的。

JEFF KOONS
1955.1 —

杰夫·昆斯

美国当代著名的波普艺术家。其作品往往由极其单调的东西堆砌而成，比如不锈钢骨架、镜面加工过的气球兽等，常常染以明亮的色彩。从20世纪80年代开始出名以来，杰夫·昆斯创作的作品多达20多个系列，数量上万，他几乎每年都在不停地推翻自我，重新进入新的语境和创作形态。即使20世纪80年代受到严重质疑，但今天评论界很肯定杰夫·昆斯艺术史上的地位。杰夫·昆斯的不锈钢雕塑作品《悬挂的心》曾在纽约拍出2600多万美元的高价，创下了在世艺术家的成交价新纪录，他也成为拍卖场上作品最值钱的在世艺术家。

我很难说我喜欢他的作品，却不能够忽视他的存在，他是不可以复制的。他给我带来冲击的同时总是带来一个问号：这种媚俗的艺术可以吗？

早年他在与他的前妻当众做爱的作品《天堂制造》里把自己和妻子打扮成淫荡的亚当和夏娃，沉迷于性爱的姿态撩人，就是色情小电影的翻版。他的举动无疑是对宗教传说的一种挑衅和颠覆。他和妻子在性爱进行中被数倍放大的生殖器局部照片堂而皇之地悬挂在画廊展厅里，挑战着观者的神经系统，这是极为真实和震撼以及让人冒汗的。

他的成名富有争议，却一步步攀登作品价格的顶峰。与安迪·沃霍类似，他利用现成品和生活体验，从他的一些作品可以感受到他似乎总在挑战宗教和信仰。这使我相信他应该来自于中产阶级家庭，深受宗教信仰熏陶，又或者他在做证券经纪人的阶段深受上流社会的影响，他的"庸俗"系列，以及其他作品中利用的形象，如龙虾以及兔子等形象都是含有性的隐喻，它们充斥着男性荷尔蒙的味道，刺激着肾上素的分泌。

当代近五十年里，没有一个人能够像他这样成功完美地制造出艺术商品中的精品，无论从作品语言到作品制作，他的受推崇是因为满足了某个阶层的需求，这个阶层里的人们推动着全球的商业运转，因此他正当红。

几年前我在德国某个美术馆买了他的一张影碟，记录了他的谈话，我非常惊讶他今天的容貌和气质的改变。他不再是《天堂制造》里那个淫荡的强壮的"亚当",而更像是一个谦虚的传道士了。

有一种说法比喻男人年轻,旺盛的创造力犹如一杯水,那杯水在用尽之前挥发出一种气息,如今的杰夫·昆斯在一切疯狂和不羁之后竟然又散发出另外一种迷人。

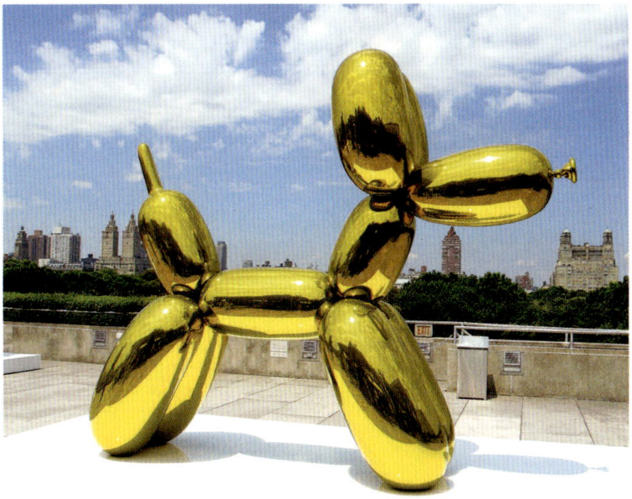

LOUISE BOURGEOIS
1911.12 — 2010.5

路易丝·布儒瓦

法裔美国女性艺术家，直到 90 岁还保持着旺盛的创造力。童年的成长记忆一直是布儒瓦创作的灵感来源，她自残式地挖掘童年经验以及与父亲之间爱欲与仇恨的交织，将梦魇似的骚动与不安反映在她的作品当中。布儒瓦的艺术作品充满了焦虑感，时常以死亡、孤独和背叛作为主题。1945 年，她在纽约举办第一次个展，之后不断地以新的材质与形式发展自己的艺术语言，她的作品充满了象征意义。1982 年，纽约现代美术馆大批展出她的艺术作品，这是这家博物馆首次为女性艺术家举办作品回顾展。

路易丝，我关注到她的艺术作品时她已经80多岁了。那是我在纽约生活期间，我是用感官和感受去体验艺术家的作品。之前我对她的生平一无所知，我从不关心任何艺术家或者文学家的生平以及为什么他们要做那些作品，我认为那样会损失我对艺术天然的感受能力。说回路易丝，她的作品可以给我带来几个形象：父亲和母亲，男性和女性，另外一个就是她自己。

2012年冬天回纽约的时候，我在strange book store买了一本她的书，我也想要做成那样的书，忽然发现她已经离世了。

MOMA收藏的她的作品——悬挂着的貌似男性生殖器的装置——干瘪皱褶如风干的面包。她有一张照片就夹着那条"面包"，她的面容也生满皱褶，是一个风干的、有生命的另一种"面包"形式。她总在崇拜和戏弄那根"面包"，她把"面包"掖在腋下，她的表情因为拥有而显得满足，可是那是一根丑陋的"面包"。

她的《蜘蛛》在东京森大厦的二楼平塔上长久地展示，是对母性的认同和敬畏，也是这位艺术家留存在这个世界的符号。一位女性到了那样的年纪，无论躲在她的生命体里面的小女孩多么惹人爱怜，可是无可置疑的她——路易丝，已经成为一个强大的母体。

在以男性消费为主导的艺术品收藏系统里，她的作品应该更多地被博物馆和美术馆欣赏，因为她本身就是一个时间的记录者、一本当代艺术文献，那些作品记录了一个女性生命周期里不同阶段的所有体验和实践。

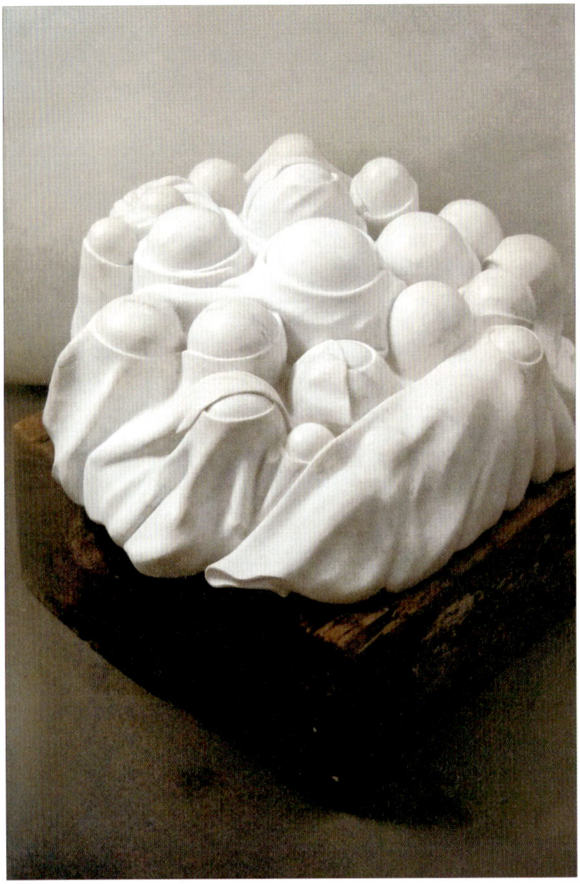

YVES KLEIN

1928.4 — 1962.6

伊夫·克莱因

法国艺术家,是战后欧洲艺术界的一位重要人物。他是行为艺术最早的推动者,同时也被视为极简主义和波普艺术的先驱。1957 年,克莱因在米兰画展上展出了 8 幅同样大小、涂满近似群青色颜料的画板——"克莱因蓝"正式亮相于世人眼前,从此,这种色彩被正式命名为"国际克莱因蓝"(International Klein Blue,简称 IKB)。克莱因相信,只有最单纯的色彩才能唤起最强烈的心灵感受。此后,IKB 以及行为艺术就成为他短暂的艺术生涯中让世人侧目的标志。

无论是谁，看到了他的"蓝"都会深深地着迷。如果视觉艺术是给观者传达感受，如果某个作品能够给观众带来前所未有的神秘和梦幻体验，那么，伊夫的"蓝"足以传达这些甚至更多。这也是我追求的信念：我也在试图探索用颜色去解放构图带来的局限。因为不曾去查找伊夫的生平简历，因此并不知道他的"蓝"原来是独有的秘方研制出来的。我曾经寻找那个"蓝"，在纽约的画材店里，在巴黎的画材店里，我都以为至少买到了接近的蓝，然而，那只是一个"笑话"，不是吗？如果伊夫的"蓝"不是那么特别的话，他怎么会是伊夫？他掌握了这个颜色，就掌握了自己的艺术语言，钥匙在他的手中，他只需要扭动一下。

每一种颜色都会传达至少一种情绪甚至多种情绪。可以想象在1955年，伊夫想要以一个单纯的"橙色"作品去参加"新现实沙龙"被拒绝的情景。所有尝试从传统绘画技法摆脱出来的艺术家都经历过不被理解或者排斥，重要的是这位艺术家能够坚定自己的审美，不轻易改变自己的信念。

颜色就像音乐，就像诗歌，它们可以传达给观者以想象力和情感。古今中外，能够成为世界知名的艺术家或者在人类文明进程中留下作品被铭记的，都不只具有单一的素质，这位艺术家对其他艺术门类的认识和感受一定是共通的。

伊夫以他的"蓝"征服了视觉艺术领域并散发着耀眼的光芒，即便他已经去世，他的作品仿佛穿越了时空火在当下和未来。直到今天也没有人能够成功破解他的颜色密码，或者说我们都爱戴伊夫的这份传奇，不会去探求那份颜料配方，因为从他那里，艺术家们已经得到了启示和坚定的力量，创造自己的艺术语言，寻找着自己的色彩。

JEAN-MICHEL BASQUIAT
1960.12 — 1988.8

尚·米榭·巴斯奇亚

一位对艺术和时尚影响极其深远的美国当代黑人艺术家。他先是以纽约涂鸦艺术家的身份为大众所熟知。1981年，安迪·沃霍邀请巴斯奇亚参加了名为"纽约／新浪潮"的展览，次年这位艺术的街头流浪儿正式走进主流艺术圈。1982年，他在纽约举办了他的第一次个展，这在当时艺术界算是一个奇迹。巴斯奇亚的作品中充满了愤怒、疯狂的形象，他的作品是繁杂、喧闹甚至野蛮与高超技艺的混合物。

巴斯奇亚就是一个"儿童"画家,每一位艺术家的作品里都住着一个孩童般的自己,很显然,那个"影子"就在巴斯奇亚的作品里,孤独、落寞和惊恐。

涂抹,破坏,没有耐性,跳跃性的思维,这些特点在巴斯奇亚的作品里呈现。人们总是宠爱那些艺术天分极高的"坏孩子"。他们的"坏"仅限于艺术创造力的不安分、不循规蹈矩。他们的生活方式和艺术表达往往成为人们暗自推崇和羡慕的对象,而我们大多数人不敢去做或者没有勇气去表达。巴斯奇亚就是这样一个受人喜爱的"坏孩子"。涂鸦的画面里各种符号简单又奇异,美好的初始总在放弃下终止,青春的骚动夹杂着对现实的不解和厌烦,这就是巴斯奇亚的画面给我的感受。

在一部有关他的生平的电影里:他在纽约SOHO地区画涂鸦,有一天无意之中遇到了正在进入餐厅的安迪·沃霍。他把自己手中的涂鸦卡片推销给了沃霍,他们结识了,他走进了沃霍的"工厂"。这个工厂制造和生产艺术品,安迪毫不掩饰对于艺术品大量复制和繁殖的观点,骄傲地举起生产大旗。很快的,巴斯奇亚成名了,他成为了沃霍的一个产品,几乎所有沃霍关注的事件和人物都会成为焦点,他们出双入对,一起面对公众膜拜。

电影里表现出巴斯奇亚对于成名的自己的抗拒心理,他在晚餐中躲入洗手间抓挠自己面部的自残行为，与沃霍在一起的不适应，与马蒂斯的会面也不辞而别。他英年早逝，逃离了这个让他无法适应的世界，回到了属于他的天空。

在巴斯奇亚的作品中常常出现的一个类似骷髅的轮廓好比是他的"灵"。这个对外界没有攻击力的骷髅没有吓到观者，反而让人心生爱怜。

天才最好的归宿是提早离场，人们会比当初更加珍惜这份宝贵的天真和孩子气。

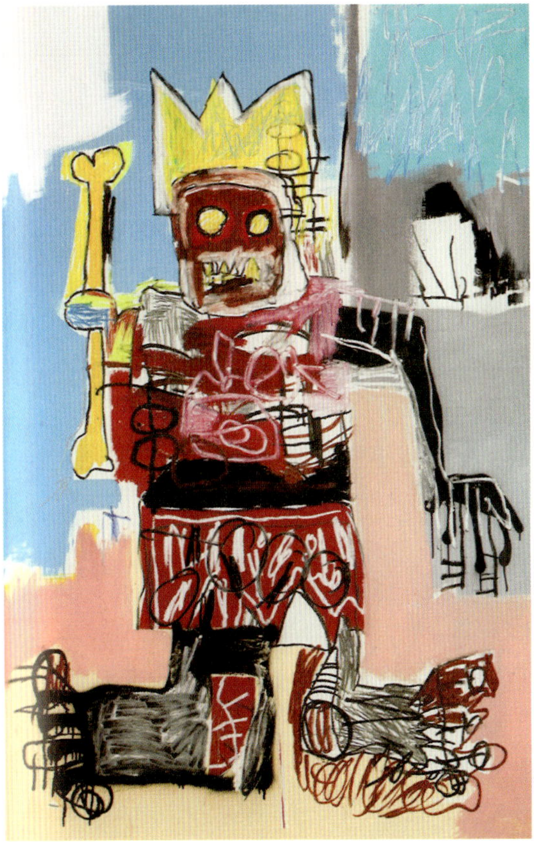

ANISH KAPOOR

1954.3 —

安尼施·卡普尔

生于印度孟买，后在伦敦工作和生活，是当代雕塑范畴里非常重要的艺术家。卡普尔的创作是形而上学的、超自然层面的探讨，涉及物质和非物质、存在和消逝、空间和非空间等玄学问题。印度的哲学和宗教思考，结合西方艺术的形式和观念的表达，造就了这位备受瞩目的艺术家。卡普尔的作品往往以简洁弧线的方式出现，配以简单、鲜明的色彩。他早期的作品常常以彩色粉末的方式出现，随后的作品开始更多地运用固体。石头类雕塑作品上往往有孔径和腔的体现，往往暗示物质与精神、光与黑暗、肉体和身心、男性和女性等双重意味。

关注到安尼施·卡普尔的作品应该是在2006年在美国迈阿密巴塞尔艺术博览会上，他的雕塑作品是凹进去的镜面体，悬挂在展览会的墙面上，折射出观者变异的体态，与我们熟知的"哈哈镜"不是一个概念。他的作品折射出的视觉效果像是梦境，或者天堂，或者虚无，使本来物体——建筑、风景或者人物本身营造出了另一种幻像。随着物体和光线的变化和移动，这些折射出来的景象提供了另外一种视觉想象空间。

卡普尔是大师中的大师，早期的色块儿鲜亮却很安静，据说灵感来自印度寺庙里的一些彩色粉末，也很像是印度人应用的食材：辣椒和芥末的粉末。那些大件的色块儿的固体雕塑作品仿佛要冲出空间的限制，散发着狂野的情绪。卡普尔的作品收放自如，他的公共雕塑作品常常借用周围环境的景物，把那些景色收纳在作品的反射区。

这样一个东方人仿佛是击破艺术品高价格"俱乐部"里面的所有艺术明星的鼓槌，没有一丝讨好，也不会咄咄逼人。

在2013年的7月瑞士巴塞尔艺术博览会期间，英国画廊LISSON GALLERY代理销售的一件卡普尔的雕塑，保留了原始材料——一块天然玉石的完整性雕刻，比起先前我看到的展览中那些镜面的作品材料，这块石雕彻底打动了我，那里的光影和层次似乎孕育着大自然的秘密："天人合一"。那一刻我忽然想卖掉自己的房子而拥有这件作品，拥有它在天与地之间仿佛已经足够。

  卡普尔不断在更新自己，向内在和外在去探索，收放自如，发挥着他的想象力，他的作品似乎在与宇宙对话，又仿佛是古老传说中的如来佛手掌心，挥手来去之间有无限的可能性在延展。他的作品引人遐思、回味无穷尽，又同时带出了人类的伟大和谦卑，这或许就是东方的哲学观。

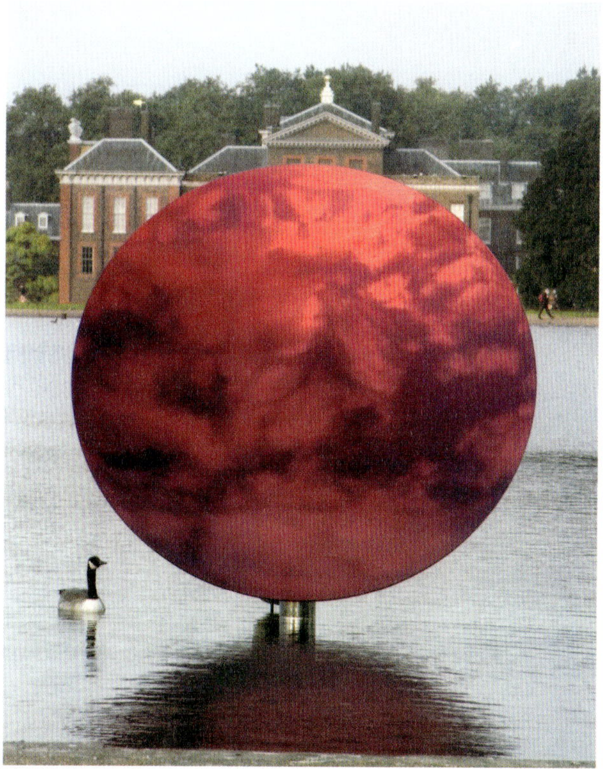

KENGO KUMA

1954.8 —

隈研吾

日本著名建筑师。1979 年毕业于日本东京大学建筑研究所，获建筑硕士学位。1990 年，隈研吾在东京青山创立了隈研吾建筑师事务所。曾获日本、意大利、芬兰等国的建筑奖。其建筑作品散发日式和风与东方禅意，在业界被称为"负建筑"、"隈研吾流"。又以与自然景观的融合为特色，运用木材、泥砖、竹子、石板、纸或玻璃等天然建材，结合水、光线与空气，创造外表看似柔弱，却更耐震，且让人感觉到传统建筑温馨与美的"弱建筑"。

那是一种其妙的感觉，当我见到隈研吾先生之前，我已经感觉到他会是我的老师，因为在他设计的空间里我能够感受到一种自然、自由、宁静的氛围，就像一个婴儿回到了母体那样安全可靠。同时他设计的空间能够包容我的作品，我的作品也好像是为了他设计的空间而创作。

在参观隈研吾先生设计的东京根津美术馆的时候，我仔细观察隈研吾先生建筑所采用的材质：岩石、原木、竹子、玻璃……既有安全感，又轻盈透明。材质的选择可谓软中带硬，硬中有软。就像是太极拳，虽然我不懂打太极拳，但在欣赏太极拳法舞动的时候，我可以感受到那些表面看似柔软，但是内在又有很多不可估量的力量在酝酿。隈研吾先生的建筑设计具有东方美学的特征，也有西方极简主义的特色，在实用性的同时，他关注到人在精神层面的需求，他的作品总会有提供想要静下来的空间和色调。

从他的建筑设计作品的一些图片上观察，隈研吾先生能够把建筑物与周围的景观连接汇通，那是静与动的韵律，是建筑物与周围景观山水同呼吸的一种状态，因此，我从他的作品中读到了一个"敬"字，那是对天地人和的敬畏之心。

见到了隈研吾先生，立即就被他温暖的属性吸引，他的能量就好比是一个太阳，而我也是一颗小太阳，我一直握着他的手不愿意松开。

在我眼中，隈研吾先生与安尼施·卡普尔一样都是东方大师，他们的作品都散发着东方古老的智慧，以及与西方表现主义融通的一种境界。

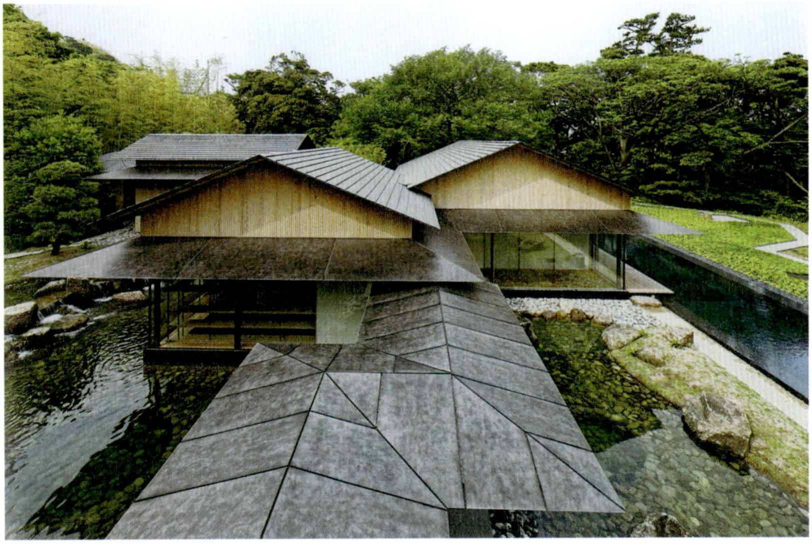

每个人都有一个缺失的一角儿匿藏在世界的某处,直到你找到这个丢失的一角儿,你才觉得自己完整。

——艾敬

一　　问题和答案

Question and Answer
玻璃绘画
Painting on Glass
150cm × 120cm
2012

问题和答案

是谁在等待
是谁在流泪
是谁在酒杯中陶醉
是谁在做梦
是谁在追赶
是谁在午夜里体会了你的温暖
杜拉斯的秘密
高迪的碎片
达利把时间融化在海滩
是谁不再沉默
是谁开始心软
是谁领取了承诺等待兑现
有没有问题　需不需要答案
有没有问题　需不需要答案
是谁在等待
是谁在流泪
是谁在酒杯中陶醉
是谁在做梦
是谁在追赶
是谁在午夜里体会了你的温暖
杜尚的象棋
刺向弗里达的箭
安迪·沃霍对中国很迷恋
是谁不再沉默
是谁开始心软
是谁领取了承诺等待兑现
有没有问题　需不需要答案
有没有问题　需不需要答案

《问题和答案》MV

作词 / 作曲：艾敬
钢琴：孔宏伟
吉他：李爱
口琴：杨乐
贝斯：张岭
制作人 / 编曲：三宝

艾氏三姐妹 1997 年 7 月 1 日拍摄于香港

对姐姐说

艾丹

我是艾氏三姐妹中的老三,和大姐差7岁。

要说大姐艾敬在我心中的位置,她是我小时候的精神支柱,是长大后支持我走出国门,出去之后又毅然决然地要我瞬间回到她身边的那个艾导。她关心、爱护着她的妹妹,对父母、长辈尊重孝顺,从来都是把家人放在第一位。

她在我最需要的时候帮助我。当我在日本留学时为了考上国立大学(比私立学费便宜,读好了还有奖学金),需要考前一个月专心复习,不能打工时,为保证生活费,我头一次和姐姐正式借钱。(我知道,从小到大她对我的投入远远超过金钱)我没有辜负她,最终我拿到了三所国立大学的通知书。

还有一次,她来日本看望我和二姐,我们去新泻滑雪,那是我人生中第一次滑雪,没有上学习课直接和她上了山顶。她一路边教边带我顺利地滑到了山脚。她总能给我力量、自信,我可以完全把自己交托给她。沿着她滑过的轨迹,我一个跟头都没摔就滑下来了。当时直觉告诉我她的轨迹永远是正确的。以至我以为我会滑雪了,可在之后和同学又去滑雪时,一路跌跌撞撞,甚至中途都要放弃。那时我才知道滑雪没有不摔跟头的,当没有人引领你,给你一个现成的轨迹的时候你要靠自己摸索,那时就会发生各种意想不到的状况。在姐姐温暖的保护下的良好感觉被自己的跟头打击得零落一地。

现在,我已经为人母,我的角色发生了很大的变化,而姐姐还是很惯性地关心着我、管着我,见到我还会从头到脚说一番,就算是我稍微精心打扮她也能挑出毛病，而且一针见血。她问我什么时候去剪头发？减肥？变美丽？我经常被她问到烦、管到烦。我觉得自己又不是小孩子了，当然会安排好自己的生活。可她还是没有从她指挥的角色中脱离出来。

直至后来她在她的艺术中找到了情绪的出口，我的日子才好过了些。她可以在艺术里要求完美，但就不要对我要求完美好不好？

要我对姐姐说说祝福的话，我只想说，姐姐，这么多年你为我们活，希望今后你为自己活，希望你的艺术才思像泉水一样源源不断，在你的艺术世界里继续自由着，稍稍拧巴着，再稍稍狂妄着，只都一点点就好。云淡风轻是你的表面，内心的挣扎和渴望完美也许才是你真实的一面，所以你对我弹奏的曲子《蓝》才有那么多感触对吧？

那天晚上我们喝着第二瓶红酒，你听我的《蓝》，默默地流泪，一时间我不知所措。我依然爱我十年前的《蓝》，可我不再会为它起伏波动，而你却还是每听一次就感动一次。你说我用情不够深，也许是你对吧，我所谓的爱和你的执著相比就是用情不深啊！

姐姐，继续做你自己，请给自己和爱人多一些散漫的日子。艺术永无止境，你保持着执著的心就够了。爸爸、妈妈、二姐和我永远支持你，同时希望能和你多一些像小时候在一起的欢聚时光。聚会时不要再想着工作了啊，眼神也不要漂移着啊，爸爸拉二胡，妈妈唱评剧，二姐跳着不合气氛的自编舞，我和你，在一旁傻傻地笑……

你的三妹：艾丹

2014 年 5 月 16 日 23:15 于北京家

图书在版编目（CIP）数据

挣扎/艾敬著. -- 北京：人民美术出版社,2014.6
ISBN 978-7-102-06778-0

I. ①挣… II. ①艾… III. ①艾敬—自传 IV. ①K825.7

中国版本图书馆CIP数据核字(2014)第118206号

挣扎

编辑出版	人民美术出版社
	（100735 北京北总布胡同32号）
	http://www.renmei.com.cn
	发行部：(010)56692181
	(010)56692190
	邮购部：(010)65229381
选题策划	尹　然
责任编辑	尹　然　胡晓航
装帧设计	聂竞竹
封面摄影	梅远贵
摄　　影	Ales Cao　梅远贵　邹胜武
责任校对	马晓婷
特约审校	崇　轼
责任印制	赵　丹
制版印刷	北京图文天地制版印刷有限公司
经　　销	新华书店总店北京发行所

2014年7月第1版　第1次印刷
开本：720毫米×1000毫米　1/16　印张：16.5
ISBN 978-7-102-06778-0
定价：98.00元

版权所有　侵权必究

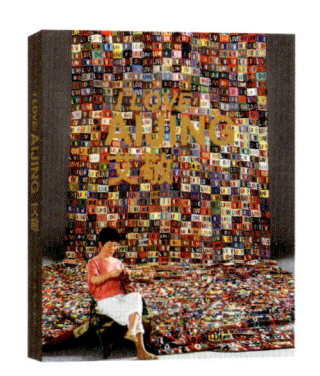

《I LOVE AIJING》
2012年11月
人民美术出版社出版

《我爱颜色 I LOVE COLOR》
2014年5月
人民美术出版社出版

《挣扎》
2014年7月
人民美术出版社出版